내 인생
퇴직 후 1년

내 인생 퇴직 후 1년

초판 1쇄 인쇄 | 2012년 3월 21일
초판 1쇄 발행 | 2012년 3월 30일

지은이 | 양광영, 조범석, 강서윤
펴낸이 | 김의수
펴낸곳 | 레몬북스(제396-2011-000158호)
주소 | 경기도 파주시 문발동 535-7 세종출판벤처타운 404호
전화 | 070-8886-8767
팩스 | (031) 955-1580
이메일 | kus7777@hanmail.net
표지디자인 | moi
본문디자인 | 피앤피디자인(www.ibook4u.co.kr)
본문편집 | 글꽃
ⓒ 양광영, 조범석, 강서윤
ISBN 978-89-967624-2-3 (03320)

※ 잘못 만들어진 책은 구입처에서 교환 가능합니다.

내 인생
퇴직 후 1년

양광영·조범석·강서윤 지음

레몬북스

PROLOGUE

'인생 2막, Know Myself!'

은퇴 수상록(隱退隨想錄)

|
청춘! 이는 듣기만 하여도 가슴이 설레는 말이다.
청춘! 너의 두 손을 가슴에 대고,
물방아 같은 심장의 고동을 들어 보라.
청춘의 피는 끓는다.
끓는 피에 뛰노는 심장은 巨船의 기관같이 힘 있다.
이것이다.
인류의 역사를 꾸며 내려온 동력은 바로 이것이다.
이성은 투명하되 얼음과 같으며,
지혜는 날카로우나 갑 속에 든 칼이다.

청춘의 끓는 피가 아니라면, 인간이 얼마나 쓸쓸하랴?
얼음에 싸인 만물은 죽음이 있을 뿐이다.
그들에게 생명을 불어넣는 것은 따뜻한 봄바람이다.
풀밭에 속잎 나고, 가지에 싹이 트고,
꽃 피고 새 우는 봄날의 천지는
얼마나 기쁘며, 얼마나 아름다우냐?
이것을 얼음 속에서 불러내는 것이 따뜻한 봄바람이다.
인생에 따뜻한 봄바람을 불어 보내는 것은
청춘의 끓는 피다.
청춘의 피가 뜨거운지라,
인간의 동산에는 사랑의 풀이 돋고,
이상의 꽃이 피고, 희망의 놀이 뜨고, 悅樂의 새가 운다.

까까머리를 하고 민태원님의 청춘예찬을 배운 게 엊그제 같은데, 어느새 흰머리를 신경 쓰는 나이가 되었다. 남들 하는 대로 졸업도 하고 취직도 하고 결혼도 했고, 아이들도 생겼다. 그렇게 한 가족의 가장으로 살아가다 보니 어느덧 선배보다 후배가 더 많고 회사를 다닐 날보다 다닌 날이 더 많은 시점에 서 있다. 회사에서나 집에서나 눈치 볼 사람들이 더 늘어나다 보니 내 자신의 진짜 모습은 온데간데없이 사라진 것 같아 때론 공허하게 느껴질 때도 많다.

물론, 나이는 마흔 중반이지만 아직은 '중년'이라는 단어가 어색하다. 지금도 '청춘'이라는 단어에 심장이 뛰는데 벌써 중년이라는 소리를 듣다니, 억울한 마음이 들기도 한다.

미국 여성 최초로 비행 면허를 취득한 앤 모로 린드버그는 "어쩌면 중년이란 껍데기가 벗겨져 떨어져 나가는 시기, 그래야 하는 시기인지도 모른다. 야망의 껍데기, 물질적 축적과 소유의 껍데기, 자아의 껍데기 말이다"라고 이야기했다. 그러고 보니 내가 중년이라고 억울한 마음이 드는 것이 어느 정도 이해가 되기도 한다.

어쩌면 중년의 방황은 당연한 결과인지도 모른다. 미국의 독립혁명이 일어났던 1776년 당시 미국인의 평균수명은 35세였다. 1880년 서부개척시대에는 40세가 평균수명이었다. 그런데 요즘 평균수명은 80세로, 약 120년이 지나는 동안 두 배로 늘었다. 우리 부모님 세대에 비해 혼란스러운 중년을 보내고 있는 것도 인류가 처음 접하는 길을 가고 있기 때문이다. 다시 말해서 역사상 이렇게 많은 사람들이 이렇게 오래 살았던 적은 없었기에 중년의 혼란은 당연하다. 그러니 학창 시절 배웠던 청춘예찬을 수필로만 다시 한 번 읽어보자. 중년의 가슴에 잊고 있었던 심장의 고동을 느껴보자!

Know Myself!

|

"너 자신을 알라!"

이 말은 기원전 5세기의 철학자 소크라테스의 명언으로 알려져 있지만 사실은 소크라테스가 석공 시절 작업했던 신전에 새겨져 있던 오래된 글귀라고 한다.

나 자신을 알기 위해서는 철학적으로 많은 사유가 필요하다. 내가 진정으로 꿈꾸는 삶이 무엇인지, 내 안에 숨겨져 있는 욕망은 무엇인지를 찾아내기 위해서는 자기 자신을 정면으로 바라보아야만 한다.

재무설계에서도 마찬가지다. 재무설계의 첫 단추는 '니즈 파악'인데, 대부분의 고객들은 자신이 원하는 것이 무엇인지도 모른 채, 돈이 부족하다고만 생각하고 불안함에 아등바등하는 경우가 많다.

얼마 전 지인이 행운을 기원한다며 '100조 달러'를 선물해주었다. 처음에는 가짜 지폐인 줄 알았는데, 알고 보니 짐바브웨의 실제 화폐였다. 100조 달러지만 이 돈으로 빵 하나도 살 수 없다고 하니, 짐바브웨에서는 100조가 있건 천 조가 있건 돈으로는 기본적인 삶도 영위할 수 없다. 이처럼 돈은 교환가치를 지닐 때에만 의미가 있다. 하지만 사회적으로는 돈이 많으면 많을수록 좋다고만 생각하는 경향이 있다. 과연 돈만 쌓아두면 우리의 삶은 행복할 수 있을까?

한국사회에서 퇴직은 내가 선택하는 것이 아니라, 원치 않아도 어쩔 수 없이 하게 되는 것이라는 인식이 있다. 물론, 완전히 틀린 말은 아니다. 그래서 퇴직을 부정적으로 생각하고 두려워하고 피하고 싶어 한다. 당장은 퇴직 후 먹고살 걱정이 앞서 일단 돈을 많이 벌어야겠다는 생각만 가지고 살기도 한다. 하지만 퇴직에 대한 편견과는 달리 스스로가 퇴직시기를 결정할 수도 있다. 또한 퇴직 이후의 삶은 돈만 있다고 해서 준비되는 것은 아니다.
 퇴직은 온전히 새로운 선택을 할 자유가 주어지는 전환점이다. 퇴직 전에는 가장이라는 위치에 충실해야 하는 의무감이 자아실현의 욕구를 억누른다. 하지만 퇴직 후에는 이전에 이루지 못한 꿈을 실현할 수 있는 시간이 생긴다. 오지여행을 하고 싶었던 사람은 아프리카로 떠날 수도 있고, 화가가 꿈이었던 사람은 새롭게 창작활동을 시작할 수도 있다. 원하는 것이 무엇인지를 알게 된다면 수단과 방법은 자연스럽게 생겨날 것이다. 그렇기 때문에 우리는 퇴직을 삶을 선택할 수 있는 기회, 즉 '제2의 인생을 시작하는 계기'로 재정립할 필요가 있다.

Back to The Basic

　　구약성서에 "태양 아래 새로운 것이란 아무 것도 없다"라는 말이 있다. 물론, 인류 역사상 처음으로 맞는 중년의 시기이긴 하지만, 우리가 하고 있는 퇴직에 대한 고민도 알고 보면 전혀 새로운 것이 아닐지도 모른다.

　인류 역사상 현존하는 가장 오래된 기록인 수메르의 설형문자판(대략 B.C. 3000년)에는 "요즘 젊은이들은 예의도 모르고 목적의식도 없어 앞날이 걱정된다"라는 기록이 있다고 한다. 또한 이집트의 상형문자에는 어떤 서기가 "내 월급으로는 여름에 시원하게 보내거나 겨울에 따뜻하게 보내기 어렵다"며 신세 한탄을 한 기록도 있다고 한다. 몇천 년 전, 인류가 기록을 남기기 이전부터 요즘 애들은 버릇이 없고 살아가는 일은 팍팍했다는 증거가 아닐까 싶다.

　　퇴직 후 삶에 대한 고민은 나 혼자 하는 것이 아니다. 누구나 다 퇴직에 대한 고민을 하게 된다. 그러니 두려워할 필요가 없다.

　만약 어떤 초등학생이 당신에게 "어떻게 해야 공부를 잘할 수 있나요?"라고 묻는다면, 뭐라고 답할 것인가? "암기 위주의 공부보다는 개념 이해를 충분히 하는 것이 중요해. 그리고 복습 철저히 하고"라는 대답이 주를 이룰 것이다. 게다가 "기초를 철저히 닦아야 고학년이 되어서도 학교 공부를 잘 따라갈 수 있단다"라고 하지 않을까? 은퇴 설계나 노후 설계도 마찬가지다. 가장 중요한 것은 '기본에 충실' 하는 것이다.

'제2의 인생'을 위한 준비는 꾸준히 해야 한다. 며칠 운동한다고 탄탄한 식스팩이 만들어지지는 않는 것처럼, 책 몇 권 읽고 전문가와 상담한다고 제2의 인생이 완성되지는 않는다. 그래서 두렵고 그래서 지친다. 그러나 어차피 맞아야 할 매라면 적극적인 마음을 가지는 편이 낫지 않을까?

은퇴 준비는 빠를수록 좋다고 한다. 하지만 이미 늦었다고 자책할 필요도 없다. 아무리 좋은 옷이라도 나에게 어울리지 않는다면 무슨 소용이겠는가! 이 책에서는 퇴직 준비를 위한 필수사항들을 서술하였다. 퇴직을 대하는 마음가짐부터 퇴직에 관련한 필수 금융상품, 현장에서 이루어지는 은퇴설계, 교육설계 등 자산관리 케이스도 실어두었다. 그러니 퇴직을 막연히만 생각하는 사람들에게 좋은 기본서가 될 것이다.

이 책은 크게 6장으로 이루어져 있다. 퇴직준비가 전혀 되어 있지 않아 불안한 마음에 이 책을 든 독자라면 1장과 2장, 퇴직을 준비하는 마인드와 실제 자산관리 사례를 위주로 읽기를 권한다. 퇴직준비를 시작하려는데 어떻게 해야 할지 감이 안 잡히는 독자라면, 2장 실제 사례와 3장 재무설계 위주로 읽으면 도움이 될 것이다. 4, 5, 6장은 퇴직준비를 위한 금융상품과 가입요령에 대한 내용이 서술되어 있으므로, 퇴직준비를 처음 하는 독자라면 어렵게 느껴질 수 있다. 하지만 퇴직관련 상품을 일견할 수 있도록 구성한 것이니 지루하게 느껴진다면 제목만이라도 읽어보기를 권한다. 물론, 기본기를 갖춘 독자는 4, 5, 6장을 먼저 읽는다면 퇴직관련 금융상품 선택에 큰 도움이 될 것이다.

CONTENTS

PROLOGUE '인생 2막, Know Myself!' _ 4

Chapter 01
보통 사람 김부장의 퇴직 성공 스토리
- 불혹, 유혹에 흔들리지 않는 마음 _ 16
- 퇴직은 곧 자기경영주식회사의 CEO가 되는 것 _ 30

TIP 어느 40대 보험회사 샐러리맨의 미래 설계 이야기 _ 41

Chapter 02
재무설계 실제사례
- 퇴직준비보다 자녀교육이 먼저인 30대 후반 엄마의 고민 _ 46
- 퇴직준비를 시작하려는 40대 초반 직장인의 고민 _ 68
- 은퇴를 앞둔 어느 50대 가장의 고민 _ 92

TIP 최고의 자산관리는 자기계발 _ 115

Chapter 03
오래 사는 시대, 재무설계가 답이다
- 퇴직설계는 재무설계부터 시작하라 _ 120
- 재무설계의 꽃, 자산배분 _ 144
- 자산배분의 원칙 _ 148

TIP 자녀를 위한 올바른 금융교육법 _ 173

Chapter 04
노후생활 핵심 지킴이 3층 연금 : 국민연금, 퇴직연금, 개인연금

- 행복한 노후설계를 위한 필수조건 3층 보장제도 _ 178
- 노후의 기초를 책임지는 국민연금 _ 183
- 퇴직금보다 퇴직연금 _ 189
- 노후준비의 종착역, 개인연금 _ 200

TIP 금융주치의 선택요령 _ 214

Chapter 05
불확실한 미래를 대비하기 위한 보험

- 보험의 첫 번째 목적은 불확실한 미래를 대비하는 것 _ 220
- 종신보험의 다른 이름, 유가족 사랑 _ 223
- 의료비는 실손형 상품이 기본 _ 227

TIP 구슬이 서 말이라도 꿰어야 보배 _ 232

Chapter 06
투자는 '중위험 중수익'

- 목돈을 대하는 자세 : 충무공의 가르침을 가슴에 묻어라 _ 237
- 수익을 대하는 자세 : 공짜점심은 없다 _ 240
- 기본적인 세무상식은 필수 _ 247
- 월지급식 금융상품 _ 258
- 패러다임 시프트, 부동산 _ 263
- 중위험 중수익의 대표상품, 채권 _ 269

TIP 초보자도 할 수 있는 소액채권매매 _ 278
TIP 행복한 은퇴를 위한 다섯 가지 원칙 _ 279

EPILOGUE 내일을 꿈꾸며, 내 일을 꿈꾸며 _ 282

Chapter 01

보통 사람 김부장의 퇴직 성공 스토리

- 불혹, 유혹에 흔들리지 않는 마음
- 퇴직은 곧 자기경영주식회사의 CEO가 되는 것

불혹,
유혹에 흔들리지 않는 마음

티베트의 속담에 이런 말이 있다.

"A person is rich when he knows that he has enough."

해석하자면 "지금 자신이 가진 것이 충분하다는 것을 안다면, 그 사람은 부자이다"인데, 행복을 삶의 최상의 가치로 여기는 사람에게 돈이란 필요조건에 지나지 않는다는 것을 의미하는 말이다.

과연 돈을 얼마나 가지고 있어야 부자일까? 이 질문에 대한 답은 사람마다 다를 것이다. 백억대 자산가라도 스스로 부자가 아니라고 여기는 사람이 있는가 하면, 평균 이하의 수익을 얻고 있지만 부자라고 생각하며 사는 사람이 있다.

사실 돈은 '필요조건'이고 '수단'이다. 돈은 가치의 교환 매개 수단 및 척도이자 가치 저장과 증식, 지불 수단의 역할을 하기 때문이

내 인생
퇴직 후 1년

다. 가치(價値, value)란 일반적으로 어떠한 사물이나 일 등의 유용성, 정당성, 이득 등을 나타내며 흔히 경제적인 효용성을 가리키는 말이다. 이 정의에 의하면 가치가 돈보다는 상위개념임에 틀림없지만, 안타깝게도 돈이 가치가 되고 목표가 되어 진정한 가치를 잊고 사는 사람들이 많다.

얼마 전 택시를 탔는데 기사님이 무척 인상적이었다. 일반적으로 택시기사라고 하면 무뚝뚝한 표정에 신호나 차선을 위반하는 등 난폭운전의 대명사로 인식되어 있었기에 더욱 기억에 남았던 것 같다. 자신의 삶이 정말 행복하다고 말하며 환하게 웃던 모습은 오랫동안 마음에 남을 것 같다.

사실 그분의 삶이 평탄하지만은 않았다. 한국에서 사업을 하다가 부도가 나서 쫓기듯 미국으로 갈 수밖에 없었다고 한다. 그리고 미국에서 8년 동안 소위 밑바닥 일을 비롯해 안 해본 일이 없을 정도로 고생을 겪었다고 한다. 하지만 8년의 고생으로 한국에 다시 돌아올 수 있었고, 개인택시 기사로 일하면서 인생을 다시 시작하는 기분이라고 하였다.

우선, 택시기사만큼 좋은 직업이 없다며 자랑을 하였다. 차 안에서 운전만 하는 것이 뭐가 그리 좋은 직업이냐고 반문하자, 기사님은 어디든 마음대로 갈 수 있는 세상에서 가장 자유로운 직업이라며 반박하였다. 게다가 그분은 쉬는 날이면 영어와 패러글라이딩 강사로도 활동하는데 그 생활도 역시 행복하다고 한다. 사회적으로

홀대받는 택시기사이지만 알고 보면 가장 멋진 직업이며, 열심히 한 만큼 돈도 잘 벌 수 있다고 자랑도 하였다.

　물론, 그렇게 매순간이 행복한 기사님도 한 가지 걱정거리가 있었다. 예전에 친구에게 보증을 서주었던 것이 문제가 되었다고 한다. 하지만 친구 대신 돈을 갚아야 하니 더욱 열심히 일하게 된다며 한쪽 눈을 찡긋해 보였다. 이분에게 돈은 자신의 삶을 유지하고, 친구를 잃지 않기 위한 수단이었다.

　동양의 위대한 철학자 공자는 마흔을 두고 '불혹(不惑)'이라 하였다. 유혹에 흔들리지 않고 판단이 흐려지지 않는 나이라는 뜻이다. 퇴직을 준비하는 데 있어서도 불혹의 마음이 중요하다. 보통 퇴직 준비라고 하면 퇴직자금을 어떻게 만들어야 하는지에만 관심이 많다. 그리고 퇴직자금만 있으면 퇴직 후 삶은 그저 행복할 것이라고 착각한다.

　그러나 자금을 마련하는 것 자체보다는 제2의 인생에 대한 준비가 더욱 중요하다. 나이가 들수록 돈으로 살 수 없는 것들이 늘어나지 않던가? 마지막까지 함께할 인생의 반려자, 고민을 나눌 수 있는 친구, 사랑하는 자녀 등은 돈으로는 가질 수 없다.

　긍정적인 마음, 내가 가진 것에 만족하고 감사하는 마음, 사소한 것에 행복을 느끼고 웃을 수 있는 여유 등 바쁜 생활에 치여 잊고 살았던 것들의 가치를 다시 찾아야 한다. 그렇게만 된다면 비록 퇴직자금이 조금 부족하더라도 얼마든지 행복한 삶을 영위할 수 있을 것이다.

현명한 부자(wise wealth)와
마음의 평화(Peace of Mind)

투자에서 불혹, 즉 유혹에 흔들리지 않는다는 것은 어떤 것일까? 그것은 현명한 부자의 요건을 갖춘다는 것이다. '현명한 부자'는 경영학의 구루 피터 드러커가 자신의 저서에서 미국의 어느 금융회사를 언급하면서 쓴 단어이다. 아이러니하게도 이 금융회사는 골드만 삭스나 메릴린치 등 대형 글로벌 IB(Investment Bank)가 아니라 미국 중부의 조그만 회사였다.

이 작은 금융회사가 영업을 하는 방식은 상당히 독특하다. 일반적으로, 비즈니스를 하는 사람들이라면 고객을 한 명이라도 더 유치하기 위해 안달이 나는 게 당연하지 않을까? 그런데 이 회사는 아무나 고객으로 받아들이지 않는다. 특히 주식거래만을 하는 사람들이나, 수입보다 지출이 많은 사람은 이 회사의 고객이 될 수 없다. 이 회사의 고객이 되기 위해서는 반드시 건전한 투자 마인드와 건강한 소비습관이 몸에 배어 있어야 한다.

이 금융회사의 경영철학은 단순하다. 투자는 성공할 수도, 실패할 수도 있다. 아무리 정교하게 금융공학 모델을 만든다 할지라도 실패를 피할 수는 없다는 것이다. 따라서 장기적으로 추구해야 하는 가치는 투자의 결과가 아니라, 투자에 임하는 마음이라고 정의하였다. 남들이 큰 수익을 올린 것을 부러워하지 않고, 자신이 손해를 보았더라도 객관적이고 이성적으로 관리할 수 있는 사람만이 냉혹한 투자의 세계에서 평정을 유지할 수 있다고 생각했다. 즉, '현명한 투자자'만이 '마음의 평화'를 얻을 수 있다는 것이다.

한편 골드만 삭스나 메릴린치 등의 IB는 거대한 자본과 금융지식을 바탕으로 높은 수익률을 추구한다. 이들은 '고객에게 제공하는 가치란 다양한 금융상품을 통해 높은 수익률을 제공하는 것'이라고 생각하기 때문이다. 그래서 세계 유명대학의 MBA 인재들을 채용하여 투자수익률을 높일 수 있는 복잡한 금융모델을 만들어냈다. 2008년 글로벌 금융위기의 단초가 된 서브프라임 모기지론도 이런 과정에서 나오게 된 상품이다. 결국 미국의 5대 IB 중 하나였던 리먼브라더스, 베어스턴스 등은 파산의 길로 들어설 수밖에 없었다.

세계 유수의 IB들이 하루아침에 문을 닫고 주가가 연일 폭락하던 금융위기 시절에도 이 작은 금융회사는 자신들이 추구하는 가치를 묵묵히 지켜나갔다. 이 회사의 주가가 2008년 폭락장에서도 견조를 보인 것은 어쩌면 당연한 일일 것이다. '현명한 금융회사'는 '현명한 부자'를 대상으로 '마음의 평화'를 판다.

공자의 '불혹'과 피터 드러커의 '현명한 부자와 마음의 평화'는 일맥상통하는 부분이 있다. 즉, 삶의 가치를 어떤 것에 더 두어야 하는지에 대한 현자들의 가르침인 것이다. 이를 경제학 용어로 대치하면 '기회비용의 법칙'이라고 한다.

안타깝지만, 우리는 어떤 것을 얻기 위해서는 다른 것을 포기할 수밖에 없다. 가족과 모처럼 저녁시간을 가지려 했는데 갑자기 회사의 회식이 잡혔다거나, 오래 모아온 비상금으로 평소 갖고 싶었던 기타를 구입하려고 했는데 곧 아내의 생일임을 깨닫게 된다거나 하는 일이 그 예이다.

우리는 이런 선택의 순간에 둘 중 높은 가치를 선택한다. 어쩔 수 없이 회식장소로 발걸음을 옮기는 경우에는 가족과의 저녁을 포기하는 것이 회식을 포기하는 것보다 안전하다고 생각했기 때문이다.

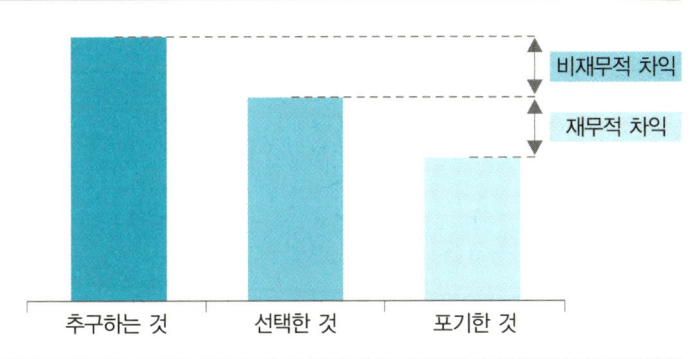

● 그림 1 **차익법칙** ●

출처 : 경영경제학, 박광량

기회비용의 법칙을 '차익법칙'이라고도 하는데, 여기서 차익이란 숫자적인 의미가 아니라 보편적인 의미이다. 즉, 인간의 가장 큰 권리인 자유에 도움이 되는 모든 것은 차익이 된다.

만약, 집에 강도가 들었다고 해보자. 이때 자신이 가진 돈이나 값어치 있는 물건을 모두 내어주는 것은 금전적으로는 불이익이다. 그러나 차익법칙에 따라 해석하면 자신의 목숨을 지켜낸 이익이 금전적 비용보다 크기 때문에 손해가 아니다. 그래서 박교수는 이를 "인간의 행동을 규정하는 만유인력의 법칙과도 같다"고 하였다.

우리는 비재무적 차익이든 재무적 차익이든 차익을 극대화하고 싶어 한다. 수학적으로는 매우 간단하다. 수익에서 비용을 빼면 차익이 나오니, 수익을 크게 하거나 혹은 비용을 적게 하면 차익은 커진다. 즉, 내가 얻는 것을 크게 하고 잃는 것을 작게 하면 차익은 커지는 것이다.

현명한 부자에게도 차익법칙이 적용된다. 이들이 얻은 것은 마음의 평화이니 어떤 비용을 제하더라도 차익은 다른 투자자들에 비해 클 것이다.

금융자산관리에도 차익법칙은 그대로 적용된다. 수익은 높고 위험부담이 적은 투자대상을 고른다면 차익은 커질 것이다. 하지만 이런 투자대상을 고르는 것은 만만한 일이 아니다. 일반적으로 수익이 높을수록 위험부담 역시 높기 때문이다. 고수익이라는 주변의 말만 듣고 투자했다가 낭패를 보는 것도 숨어 있는 위험을 알아내는 눈이 없었기 때문이다.

번개가 치고 화산이 폭발하는 등의 자연현상은 인류 초기에는 두려움과 공포의 대상이었다. 그때는 신에게 예를 올리고 제물을 바쳐야만 해결된다고 여겨졌었다. 하지만 지금은 대부분의 사람들이 번개나 화산폭발이 자연의 법칙 중 하나라는 것을 알고 있다.

이처럼 지식은 선택의 폭을 넓혀주고 합리적이고 경제적인 판단을 가능하게 한다. 퇴직준비가 어려울 것이라는 막연한 생각도 관련 지식을 습득해나가다 보면 뿌연 안개가 걷히듯 사라질 것이다. 관련 지식이라고 하여 금융공학이나 금융수학 등 전문적인 분야의 내용을 알아야 한다는 것은 결코 아니다. 이 책을 읽는 것만으로도 관련 지식을 습득하는 것이다. 즉, 지식을 쌓는 것이 곧 차익을 극대화하는 방법이며, 유혹에 흔들리지 않고 현명한 부자로서 마음의 평화를 얻는 첫걸음이다.

입사 동기 세 명의 퇴직 이야기

70~80년대 대한민국 격동의 시절 속에 대학을 졸업한 세 친구가 있었다. 청운의 꿈을 안고 시작한 대학생활이었지만 최루탄과 탱크에 교문이 닫혀 있을 때가 더 많았다. 그런 날이면 이 친구들은

선술집에 모여 사회정의를 논하고, 시대의 어두움을 탄식하며, 아무 것도 할 수 없는 무력함을 달래곤 했다. 미팅에서 만난 여대생을 막걸리 가게로 데려가 시대의 아픔을 아느냐고 하소연도 해보고, 통기타를 둘러메고 삼삼오오 모여 노래를 부르기도 하는 등 당시의 전형적인 20대의 낭만을 간직하고 있었다. 그들은 각각 군대도 다녀오고 취업과 고시 준비로 도서관을 전전하며 20대 후반을 함께 나누었다.

이 친구들은 우연히 국내 모 기업에 동기로 입사하게 되었으나, 대학시절의 끈끈함을 느끼기에는 사회생활이 너무 바빴고 처한 환경이 달랐다. 하지만 회사생활의 팍팍함에 대해 부담 없이 하소연할 수 있는 친구이자 동기가 있어서 마음 한구석은 늘 든든했다.

누군가 20세기 역사는 마르크스와 프로이트로 해석이 가능하다고 했던 말이 기억난다. 인간의 삶을 두 가지로 압축하자면 '먹고사는 문제'와 '사랑하는 문제'로 귀결되니, 이는 곧 마르크스와 프로이트로 귀결되는 게 아니냐는 논리였다. 이 친구들 역시 '먹고사는 문제'인 돈과 '사랑하는 문제'인 가족으로 바쁜 나날을 보냈다.

어느덧 시간이 흘러 회사에 후배들이 꽤 생겼을 무렵, IMF 외환위기가 닥쳤다. 세 친구는 다행히 명예퇴직의 아픔을 겪지는 않았지만 자신들이 열심히 따랐던 선배들의 쓸쓸한 뒷모습을 지켜보아야만 했다. 또다시 시간이 흘러 이제는 퇴직을 앞두고 있는 친구 세 명. 과연 이들의 노후는 지금까지의 삶과 비슷할까?

한 친구는 주식투자에 관심이 많았고, 또 한 친구는 부동산투자에 관심이 많았다. 그들은 때때로 업무는 뒷전으로 한 채 HTS(홈트레이딩시스템. 개인 투자자가 객장에 나가지 않고 집이나 사무실에서 주식 거래를 할 수 있는 프로그램)를 들여다보고 있거나, 부동산 현지답사를 다닌 적도 있었다. 주식투자에 관심이 많았던 친구는 은행 이자의 몇 배에 달하는 수익을 한 달 만에 올리기도 했고, 어느 때는 원금손실에 속을 태우기도 했다. 부동산에 관심이 많았던 친구는 서울에 아파트 한 채를 매입하여 안정적인 삶을 가꾸었으며 임대수입도 어느 정도 가지게 되었다.

하지만 김부장은 주식이나 부동산에 전혀 관심이 없었다. 물론, 비슷한 월급을 받고 다녔는데도 자기보다 훨씬 많은 부를 일군 친구들을 보면 부럽기는 했다. 하지만 그는 자신의 일을 투자생활이나 가족보다 앞에 두었다. 아내나 두 딸에게 미안한 마음이 있었으나, 업무에 있어서는 자신이 최고라는 자부심이 있었다. 덕분에 김부장은 다른 두 친구에 비해 승진도 빠른 편이었고 조직에서도 능력을 인정받아 일찌감치 계열 기업의 임원으로 발령이 났다. 신입 시절부터 꿈꿔왔던 '최고'를 이룬 것이며 그동안의 경험과 업무지식을 바탕으로 임원으로서 잘 해낼 수 있다는 자신감도 충만했다. 비록 주식과 부동산은 남들보다 모르고 살았지만, 평소 후배들을 잘 챙긴 덕에 따르는 인재들도 있었고, 무엇보다 '김부장' 브랜드를 만들어낼 수 있었다.

이런 김부장이 바로 현명한 부자의 전형이다. 김부장은 주식으로 큰 수익을 내려는 욕심이 없었다. '수익은 시장이 내준다'라며 언제나 겸손한 투자 마인드로 접근하였다. 주식시장이 빠지고 부동산관련 정부 정책이 바뀔 때마다 업무에 집중할 수 없었던 두 친구와는 달리 김부장은 '마음의 평화'를 얻었고 자신의 일에 집중할 수 있었다. 본인 전문 분야에 집중한 덕분에 임원으로 승진할 수 있었고, 이런 전문성은 퇴직 후에 자기 사업을 하는 데에도 충분한 버팀목이 될 것이다.

백인백색(百人百色), 사람들이 추구하는 바는 모두 다르다. 직장에서의 성공이 삶의 목표인 사람도 있고, 적당히 회사생활을 하며 인생을 즐기는 사람도 있다. 여행을 낙으로 여기며 사는 사람도 있으며, 가정이 우선순위의 첫 번째인 사람도 있다.

우리는 어떤 삶이 더 나은 삶인지 판단할 수 없다. 다만 본인이 원하는 삶을 살아나가는 것이 행복한 삶이 아닐까 싶다.

30대 중반이 넘어가면 퇴직 후의 삶을 생각하기 시작한다. 그럴 때 가장 처음 드는 생각은 '시간이 너무 빨리 지나갔어'이며 이와 함께 과거에 대한 후회가 일어난다.

세 명의 친구도 마찬가지다. 두 친구는 임원이 된 김부장을 부러워했고, 김부장은 친구들의 재산이 부러웠다. 친구의 자식이 자기 자식보다 더 좋은 대학을 들어갔다고 의기소침했다가도 자기 자식이 더 효도한다며 자랑하기도 한다. 일찍 손주를 본 친구에게 '할아버지'라고 놀리면서도 자기도 빨리 손주 자랑을 하고 싶어진다.

사람은 이처럼 본디 질투가 많고 어리석고 욕심이 많다. 지금 가진 것만으로는 행복을 느끼는 데 인색하고 늘 남과 비교하고 허탈감을 느끼는 존재가 인간이다. 따라서 이런 감정을 느낀다고 자책할 필요는 없다.

지금까지 아무 것도 이뤄놓은 게 없는 것 같다는 생각이 든다면, 과거의 기억을 헤집어 제일 자랑스러웠던 본인을 떠올려보자. 그 누구도 안 될 거라고 고개를 내저었던 일을 해냈다든지, 선후배 사이의 갈등을 중간에서 잘 해결했다든지, 어떤 기억이라도 괜찮다. 우리는 이미 많은 것을 이루어놓았다. 자신이 어떤 삶을 살았건 그 자체로 자랑스러운 존재라는 것을 잊지 말자.

퇴직과 관계없이
현재에 충실한 삶이 행복이다

2011년 기준 우리나라 300인 이상 기업의 법적 평균 정년 연령은 57.3세이지만, 36.5%의 기업에서는 55세를 정년으로 하고 있다. 통계청 조사에 따르면, 직장을 그만둔 평균 나이는 53세로 법적 정년이나 사규의 정년에 비해 빠른 편이다. 게다가 미국인의 평균 퇴직 연령이 62~65세인 점을 감안하면 한국의 베이비부머는 상대적으로 더욱 불안을 느낄 것이다.

　한 설문조사에 의하면 한국인의 44.1% 정도가 은퇴 준비를 한다고 한다. 이는 캐나다 96.5%, 중국 87%, 미국 82.5% 등에 비하면 절반 정도 수준에 불과하다. 더욱이 부모를 모시는 마지막 세대이자 자식에게 부양을 기대하기 힘든 첫 세대가 한국의 베이비붐 세대임을 감안하면 이 세대의 노후 문제는 안타까운 현실일 수밖에 없다.

　미국에서 은퇴는 re-tire, 즉 '타이어를 다시 갈아 끼우다'라는 의미이며, 제2의 인생을 시작한다는 긍정적인 이미지로 받아들여지고 있다. 한국에서 퇴직을 앞둔 베이비붐 세대에게는 부러운 이야기로만 들릴 수도 있겠다. 하지만 삶은 의미 있는 것이고, 예측할 수 있는 미래는 준비할 수 있다. 현재에 충실하자. 현재(Present)는 선물(Gift)이기 때문이다.

　　Yesterday is history.
　　Tomorrow is mystery.
　　Today is gift? That's why it's called "the Present".

　현재를 살기 위해서 가장 처음 할 일은 매일매일 감사하는 마음을 가지는 것이다. 잠들기 전에 오늘 있었던 일 중 감사했던 일 다섯 가지를 적어보자. 그냥 생각만 하는 것보다 기록하는 편이 더욱 효과가 좋다. 우리의 뇌는 실제로 일어난 일과 상상한 일을 잘 구분하지 못한다고 한다. 그래서 행복하면 웃는 것이 아니라 웃으면 행복해진다고도 하지 않는가? 아무튼, 행복한 일들을 생각하고 감사한 마음을 가지는 것이 현재를 살기 위한 첫 번째이자 마지막 방법이다.

이렇게 '감사일기'를 쓰다 보면 자신이 미처 인지하지 못했던 자산을 발견할 수 있다. 자신이 그동안 열심히 공부했던 것, 학력, 자격증, 취미생활, 특기, 인간관계, 가족들, 운전실력 등등의 삶의 궤적이 모두 자산임을 깨닫는 것이 중요하다. 또한 성공에 기뻐했던 기억, 실패에 좌절했던 경험, 이를 극복해냈던 자부심 등도 모두 귀중한 자산이며 이는 제2의 인생을 시작하는 데 큰 밑거름이 된다.

퇴직을 두려운 것으로 생각하지 마라. 당신은 충분히 많은 자산을 가지고 있으며, 이를 토대로 정말 원했던 것을 할 수 있는 제2의 인생을 펼칠 수 있을 것이다.

퇴직은 곧 자기경영주식회사의 CEO가 되는 것

사회에 첫발을 내디딘 세대에게는 '시간(Time)'이라는 가장 강력한 자산과 젊음과 건강이라는 무기가 있다. 따라서 실패를 두려워하지 않고 무엇이든 도전하는 정신이 필요하다. 비록 원하던 결과를 이루지 못했더라도 다시 시작할 수 있는 시간이 있다.

퇴직은 제2의 인생을 시작하는 것이다. 그러니 사회생활을 처음 시작했을 때처럼 꿈에 부풀어 있을 수도 있다. 퇴직을 맞이하는 마음이 두렵고 피하고 싶은 것보다는 꿈에 부풀어 있는 편이 훨씬 바람직하다. 그러나 제2의 인생에는 도전정신보다는 노련함이 더욱 요구된다. 사회 초년생은 실패를 딛고 일어설 수 있는 시간이 있는 반면, 제2의 인생에서는 실패를 극복할 만한 시간이 부족할 수 있기 때문이다.

퇴직자는 곧 '자기경영주식회사'의 CEO가 되는 것이다. 또한 자기경영주식회사는 적어도 20년 동안은 계속 기업을 유지하여야 한다. 게다가 생산성 제로인 가족들마저 책임져야 하므로 경영에 어려움이 많을 것이다. 많은 장애물을 극복하고 성공적으로 자기경영

● 표 1 자기경영주식회사 재무상태표 예시 ●

자산(차변)		부채와 순자산(대변)	
유동성 자산		단기부채	
현금	원	마이너스 통장	원
단기 상품	원	은행대출	원
기타 유동성 자산	원	약관대출	원
투자자산		신용카드	원
채권형	원	카드론	원
주식형	원	중·장기부채	
기타 자산		신용대출	원
은퇴자산	원	담보대출	원
공적연금	원	임대보증금	원
개인연금	원	사채	원
기타 연금	원	보증대출	원
위험관리 자산		기타 부채	
보장성 보험	원	개인차입금	원
사용자산	원	연대보증액	원
주거용 자산	원		
회원권	원	총부채 합계	원
임차보증금	원	순자산 합계	원
미술품 및 골동품	원		
기타	원		
총자산 합계	원	부채와 순자산 합계	원

주식회사를 이끌기 위해서는 반드시 '재무상태표(B/S, Balanced Sheet)'를 작성해야 한다.

재무상태표는 직장에서 재무팀이나 자금부서 혹은 기획부서에서 근무한 경험이 있는 사람이라면 상당히 익숙한 개념일 것이다. 다른 분야에서 근무했더라도 전혀 생소한 개념은 아닐 것이다. 이 재무상태표는 자기경영주식회사의 자산과 부채를 파악하기 위해 작성한다.

● 표 2 자기경영주식회사 현금흐름표 ●

소득	상세항목		지출	상세항목	
사업 / 근로소득	본인 소득 배우자 소득	원 원	저축과 투자	채권형 투자 주식형 투자 현금성 자산 미분류 투자	원 원 원 원
투자소득	금융소득 이자소득 투자소득 부동산임대소득	원 원 원 원	고정 지출	공적연금 이자 건강 / 고용보험료 재산세 소득세	원 원 원 원 원
연금소득	공적연금 퇴직연금 개인연금	원 원 원	변동 지출	생활비 교육비 교통 / 통신비 특별비 기부금 기타	원 원 원 원 원 원
기타 소득	기타 소득	원			
소득합계		원	지출합계		원

앞의 표 1을 잘 채울 수 있다면 이미 자기경영주식회사의 출발은 순조롭다고 할 수 있다. 이 재무상태표를 통해서 경영자로서의 경영방향을 세울 수 있다. 회사의 부채가 너무 많다면 이를 줄이는 방향으로, 자산 포트폴리오가 너무 공격적이라면 보수적인 방향으로 리밸런싱해야 한다. 이와 관련해서는 2장의 포트폴리오 예시를 통해 좀 더 자세히 알아볼 것이니 시작부터 두려워할 필요는 없다.

자기경영주식회사의 재무상태표와 더불어 중요한 것은 현금흐름표를 작성하는 것이다. 표 2의 현금흐름표도 한번 채워보길 바란다.

자기경영주식회사의 CEO로서 수입과 지출에 대한 흐름을 파악하는 것은 상당히 중요한 작업이다. 이것은 혼자만의 일이 아니다. 부인이나 남편과 함께 자기경영주식회사의 계획을 세워야 한다. 위의 예시가 딱딱하게 느껴진다면 어떤 방식이든 괜찮다. 재무상태표나 현금흐름표는 자기경영주식회사의 경영을 위한 수단이지 목표는 아니기 때문이다.

인생 이모작 아이템 찾기

『당신의 인생을 이모작하라(최재천, 삼성경제연구소)』에서 유명한 사회생물학자인 저자는 인생을 50세를 기준으로 하여 번식기와 번식후기의 두 시기로 나누고 있다. 특히 사회 구조적으로 제2의 인생을 부담 없이 시작할 수 있는 시스템을 갖추어야 한다고 주장한다. 또한 미래 사회는 지식과 지혜가 지배하는 사회가 될 것이라고 예견하였다.

자기경영주식회사의 CEO로서 가장 기초적인 재무상태 파악이 끝났다면, 지금부터는 이 회사의 철학은 무엇인지, 성장동력은 무엇인지에 대해 고민해야 한다. 이런 고민은 빠르면 빠를수록 좋겠지만 현실적으로는 40대 초·중반의 연령대가 가장 적기가 아닐까 생각한다.

퇴직 후에 무엇을 할지 결정하는 것은 순전히 자신의 의지에 달려 있다. 가족을 부양하는 의무 때문에 진정 하고 싶었던 일을 잠시 미뤄두었다면 제2의 인생에서는 본인이 좋아하는 일을 할 수 있는 기회가 열리는 것이다.

퇴직 후에 무엇을 할 것인지 당장 결론을 내리는 것이 쉽지는 않을 것이다. 그렇다면 40대부터 여러 가지에 도전해보는 것은 어떨까? 회사에 입사하기 전 인턴십(기능·기술에 관한 자격취득을 목적으로 일정한 교육을 마친 후 정규자격을 취득하기 전에 받는 실지훈련 또는 그와 같은 직무)을 하는 것과 비슷하게 스스로 여러 가지 분야에 인턴십을 해보는 것이다. 이는 다양한 자기경영주식회사를 경험한 후 최종적으로 CEO가 되는 과정이라고 생각하면 될 것이다.

제2의 인생을 위한 아이템을 찾는 것은 퇴직 후 허탈감을 방지하고 자아실현을 할 수 있다는 긍정적인 면 이외에도 중요한 점이 있다. 퇴직 전의 수입에는 미치지 못하겠지만 약간의 수입이라도 창출할 수 있다면, 은퇴준비자금을 상당히 줄여주는 효과가 있기 때문이다. 퇴직 후의 적절한 수입원을 찾는 것이 퇴직준비금을 줄이는 첫 번째 방법이다.

예전에 내가 회사에서 모시던 임원이 가족상을 당해 문상을 간 적이 있다. 회사에서 소위 잘나가던 분이었는데 임원으로 재직하다 퇴직을 맞으셨다. 그분은 문상을 마치고 돌아가는 나를 따라나오시며 몇 번이나 고맙다는 말씀을 반복하셨다. 그때 나는 그저 상주의 답례표시 이상도 이하도 아니라 생각하고 그 일을 넘겼다. 이후에 그분을 만날 일이 생겨 다시 뵈었는데 그분이 한탄처럼 말하셨다.

"퇴직하고 나니 곧잘 따르던 후배들도 거의 찾지 않더라고. 만약 내가 재직중에 가족상을 당했다면, 아마도 문상객이 몇 배는 되었겠지?"

듣고 보니 그 마음이 이해가 안 되는 것도 아니었다. 돌아가는 나를 붙잡으며 몇 번이고 고맙다고 하셨던 행동이 이해가 되는 순간이었다.

임원으로 재직하다 퇴직하는 것은 직장인으로서는 가장 성공한 전형이 아닐까? 그렇다면 별로 아쉬울 게 없겠다는 생각이 들었다.

"회사 다닐 때보다 요즘이 더 좋으실 것 같아요!"라는 나의 말에 그분은 "아니야, 회사 다녔을 때가 훨씬 좋았어"라고 말씀하였다.

의외의 대답에 놀라서 왜 그러냐고 여쭤보았다. 그랬더니 그동안 주변을 너무 살피지 못하고 살았던 것 같다며, 직장을 안 다니니 찾는 후배도, 선배도, 동기들도 사라졌다고 대답하였다. 그나마 퇴직 이후에 대학에 진학한 아들과 많이 친해진 것이 위안이 된다고 하였다. 후배로서 죄송한 마음이 들었다.

그러면 무엇이 가장 하고 싶으시냐고 여쭈었더니, 여전히 일이 하고 싶다고 대답했다. 그분은 회사에서 소문난 워커홀릭이었다. 그런데도 여전히 일이 하고 싶다니, 정말 그 열정이 대단하게 느껴졌다.

"혹시, 지금 제일 힘드신 것은 무엇인가요?"

외람된 질문을 해보았다.

그러자 그분은 "집에만 있는 내 자존심을 상하지 않게 하려고 세심하게 행동하는 와이프의 눈을 보는 게 제일 힘들어"라고 대답했다. 그래서 더욱 일하고 싶다는 마음이 드는지도 모르겠다고 덧붙였다.

일하고 싶다는 마음이 드는 것은 대부분의 퇴직자들에게는 공통된 사항이 아닐까 싶다.

버트런드 러셀은 다음과 같이 말했다.

"행복하다는 사람들을 자세히 살펴보면 공통적으로 지닌 것이 있다. 그중 가장 중요한 것은 그들이 하는 일이다. 일은 그 자체로도 즐거울 뿐만 아니라 그것이 쌓여 점차 우리 존재를 완성하는 기쁨의 근원이 된다."

제2의 인생을 준비하는 것이 선택이 아니라 필수인 이유이다.

하프타임 빌더

자기경영주식회사를 생각하는 사람들을 '하프타임 빌더(Halftime Builder)'라고 한다. 하프타임은 운동경기에서 전반과 후반 사이의 시간을 의미하니 이처럼 적절한 비유가 있을까? 은퇴 후의 삶을 더욱 적극적으로 대비하기 위해 퇴직 전에 미리 투자하고 노력하는 사람들을 일컫는 말이 바로 하프타임 빌더이다.

축구 경기를 보면 전반전과 후반전의 양상이 늘 같지는 않다. 전반전에 고전을 면치 못하던 팀이 후반전에는 짜릿한 역전승을 일구어내는 경우도 허다하다. 이는 한 경기의 중요한 시점인 하프타임에 감독이나 선수들이 승리에 대한 열망을 떠올리고 할 수 있다는 자신감을 충전했기 때문 아닐까? 전반전에 실수를 하였더라도 후반전에 충분히 만회할 시간이 있다.

우리 모두 짜릿한 역전승을 일구어내는 하프타임 빌더가 되어보자! 구태의연한 말처럼 들릴지 모르겠지만, 늦었다고 생각할 때가 가장 빠른 때이다.

● **그림 2** 하프타임 빌더 – 현명한 투자자 – 마음의 평화의 선순환 구조 ●

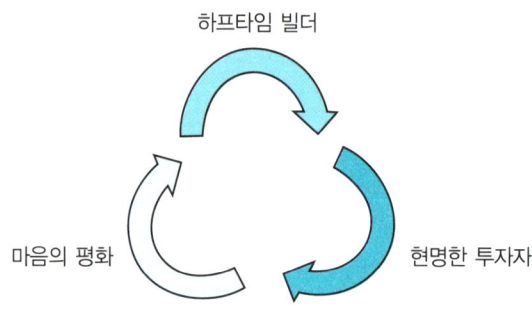

내가 증권영업을 하던 당시 만난 한 여성고객이 있다. 그분은 지금 나이 60에 접어들었지만, 아직도 왕성하게 활동 중이다. 오랜만에 연락이 왔는데 이번에 자신의 개인전을 연다고 하였다. 나는 깜짝 놀라서 물었다.

"어떤 개인전입니까?"

그러자 자신이 직접 그린 미술작품전시회라고 하였다. 한편으로는 참 놀라웠고 한편으로는 정말 존경스러운 마음이 들었다. 그분은 원래 식당을 운영하다가 50대 중반에야 미술대학원에 입학하더니 자신의 갤러리를 차리고 미술 심리치료 전문가로서 강의도 시작하였다.

그분의 모습에서 나는 멋진 하프타임 빌더의 면모를 볼 수 있었다. 식당을 운영하면서 틈틈이 인테리어디자이너에 관련된 자격증을 취득해 자신의 식당 리모델링을 직접 해내니 참으로 대단한 열정이 아닐 수 없고, 멋있는 인생 후반전을 살고 있는 분이다.

'이 나이에 내가 무엇을 할 수 있을까?'라고 생각하는 분들도 있다. 하지만 나이를 먹을 만큼 먹었으니 퇴물 취급받기를 원하는 사람은 아무도 없을 것이다. 제2의 인생을 시작하는 일은 제2의 사춘기를 겪는 것과 비슷하다. 고통스럽고 후회도 되고 스스로에게 실망할지도 모른다. 그러나 고통스럽게 허물을 벗은 나비가 아름다운 날갯짓을 할 수 있듯 제2의 사춘기는 더욱 멋진 삶을 열어주기 위해 꼭 필요한 과정이다.

루브르박물관은 '다빈치코드'로 또 한 번 유명세를 치렀다. 그 박물관에서 관광객이 가장 많이 모이는 장소는 단연 모나리자가 있는 드농 관이다. 모나리자 앞에는 유독 사람들의 접근을 저지하는 라인이 그어져 있고, 경호원이 여럿 서 있어서 주눅이 들기도 한다. 그런데 레오나르도 다 빈치가 모나리자를 54세에 그렸다는 것을 아는 사람은 별로 없을 것이다.

루브르박물관과 더불어 에펠탑은 파리의 상징물이지만 도시와는 좀 동떨어진 느낌이 든다. 초기에는 『목걸이』의 작가 모파상 등을 비롯한 지식인들이 에펠탑 건설을 반대하였다고 하는데 어찌되었건 지금은 파리의 상징물이 되었다.

이런 사연 많은 에펠탑은 설계자인 알렉산더 구스타브 에펠의 이름에서 그 명칭을 따왔는데 에펠탑이 완성되었을 때 그의 나이는 57세였다. 뉴욕에 319.4미터의 크라이슬러 빌딩이 건설되기 전까지 에펠탑은 세계에서 가장 높은 건축물이었다. 에펠이 세계에서 가장 높은 탑의 설계를 완성한 것은 54세 때였다. 많은 토목기사들이 에펠탑이 무게를 이겨내지 못하고 무너질 것이라고 했지만 120여 년이 지난 지금까지도 끄떡없으며, 매년 400만 명이 방문하는 명소가 되었다.

레오나르도 다 빈치나 알렉산더 구스타브 에펠 외에도 50세를 넘긴 나이에 세계적인 일을 해낸 사람들은 매우 많다. 미국의 제39대 대통령 지미 카터는 퇴임 후 카터센터를 설립하여 지구촌의 분쟁 해결을 위해 노력하고, 국제 해비타트에서 펼치는 '사랑의 집짓기' 운동의 일환인 지미카터 특별건축사업(JCWP)을 해오고 있다. 역사상 가장 무능한 대통령이라는 평가를 받던 그였지만 은퇴 후에는 노벨 평화상을 수상하였다.

퇴직은 자신이 하고 싶었던 일을 할 수 있는 좋은 기회이다. 제2의 인생은 돈, 나이, 승진, 성공 등의 단어보다는 도전, 열정, 몰입, 재미와 같은 단어로 채워지기를 바란다. 자기경영주식회사를 경영하는 원동력은 바로 이런 것에서 나오기 때문이다.

TIP

어느 40대 보험회사 샐러리맨의
미래 설계 이야기

보험회사 근무 15년차에 접어든 김차장은 직장 생활이 즐겁다. 성공적인 주택 마련에 맞벌이를 하다 보니 당장 먹고사는 일에 걱정도 없었다. 게다가 보험사 직원이다 보니 일찍부터 연금과 보험으로 퇴직 포트폴리오를 설계해두었기 때문에 퇴직 이후의 삶에도 큰 걱정이 없다. 하지만 김차장이 즐거운 이유는 남들이 다 하는 내집 마련 걱정, 전세 걱정, 자녀 교육비 걱정이 없기 때문이 아니라 꿈이 있기 때문이다.

김차장은 두 가지 꿈이 있다. 하나는 정치인이고 또 다른 하나는 단막극 배우이다.

첫 번째 꿈인 정치인이 되려는 꿈은 자녀를 낳고 교육문제에 관심을 가진 이후에 생겼다. 어린 딸이 잠자는 시간을 쪼개 학원을 다니고 늘 피곤해하는 모습을 보면 당장 모든 학원을 그만두라고 하고 싶어진다. 하지만 친구들이 모두 학원을 다니고 있어서 학원을 다니지 않으면 놀 친구가 없다는 딸의 이야기를 듣고 나니 이 문제는 개인적인 차원으로 접근할 수 있는 것이 아니라는 생각이 들었다. 그래서 그는 정치인이 되어 잘못된 정책을 바로잡고 싶었다.

하지만 현재 자신의 경력을 감안하면 첫 번째 꿈을 위해 상당한 돈이 필요할 것이었다. 그에 대한 대비책으로 자산의 상당부분을 주식에 투자하고 있다. 즉, 이 투자가 자신의 꿈을 이루는 데 상당한 도움이 될 것이라고 생각한다.

두 번째 꿈은 단막극 배우이다. 정치인의 길을 가지 않는다면 대학로에서 무대에 서고 싶다고 한다. 학창 시절 짬짬이 연극 무대에 서곤 했는데 돈을 받지 않아도 좋았고, 주인공이 아니라도 좋았다. 막이 오르기 전 무대 뒤에서의 숨 막힐 듯한 긴장감이 좋았고, 무대 위에서 관객의 호흡을 대하노라면 참 살맛나는 인생이라고 느꼈다.

김차장은 회사일도 아주 열심히 하고 업무 처리도 깔끔한 것으로 정평이 나 있다. 그에게 이런 꿈들이 있기 때문에 업무에 집중할 수 있는 것은 아닐까?

물론 김차장이라고 해서 고민이 없는 것은 아니다. 그는 부동산에도 투자를 하고 있는데, 요즘 시장을 보니 언제 폭락할지 몰라 조마조마했다. 그렇다고 부동산이 당장 팔고 싶다고 팔 수 있는 것도 아니다 보니 이러지도 저러지도 못하고 노심초사하는 게 싫었다.

아무튼 김차장은 50대에 보험회사 출신 정치가가 되어 좋은 세상을 만들어보겠다는 큰 포부를 밝혔다. 그는 만약 이 꿈이 실패하더라도 이름 없는 단막극 배우로 평생을 사는 것도 좋은 삶이라고 덧붙였다.

나는 선배로서 잔소리 반 부러움 반에 한마디 덧붙였다.

"김차장! 그 꿈만은 은퇴시키지 말게!"

Chapter 02

재무설계 실제사례

- 퇴직준비보다 자녀교육이 먼저인 30대 후반 엄마의 고민
- 퇴직준비를 시작하려는 40대 초반의 직장인의 고민
- 은퇴를 앞둔 어느 50대 가장의 고민

퇴직준비보다 자녀교육이 먼저인 30대 후반 엄마의 고민

30대는 인생에서 많은 이벤트가 일어나는 시기이며 삶의 형태도 그만큼 매우 다양하다. 대리, 과장, 차장을 모두 찾을 수 있으며, 학부형도 노총각도 노처녀도 혼재한다. 20대의 혼란스러움에서 벗어나 경제적으로 서서히 독립을 하면서 삶의 중심을 찾아가는 시기이기도 하다. 때로는 무조건 빛나 보이기만 하는 20대의 젊음을 부러워하기도 하지만 정신적으로 성숙한 자신에게 만족하고 안정적인 모습을 갖춘 스스로를 자랑스럽게 여긴다.

직장을 다니는 것이 힘들 때면 '내가 여기 아니면 취직할 곳이 없는 줄 알아?'라며 용감하게 사직서를 던지고 싶은 충동에 휩싸인다. 하지만 대부분 생각만 하지 실제로 행동으로 옮기지는 않는다. 만약 20대였다면 사표를 쓰고 회사를 박차고 나와버렸을 테지만 30

대는 조금 다르다. 문제를 해결하는 방법은 여러 가지가 있다는 것을 그동안의 경험으로 알게 되었기 때문이다. 회사를 떠나는 임원들을 보면 마음 한켠이 아려오지만, 아직 나와는 거리가 먼 일이라고 생각한다.

그렇기 때문에 30대의 고객을 만나면 자산관리 컨설팅을 은퇴보다는 자녀교육이나 집장만으로 집중할 수밖에 없다. 퇴직 후를 미리 준비하는 것이 중요하다고 아무리 설명을 해도 마음을 흔들지 못하는 경우가 많기 때문이다. 한편으로 생각해보면, 몇 십 년 뒤의 미래를 준비하는 것보다는 당장 먹고사는 일에 집중하는 것이 이상할 것도 없다.

어느 날 친한 선배로부터 오랜만에 전화가 왔다. 안부를 물을 틈도 없이 다짜고짜 자기 와이프 좀 만나달라는 부탁 섞인 하소연이 나왔다. 이야기를 들어보니, 선배는 퇴직 후를 생각해서 지금부터 돈을 좀 모아두고 싶은데 자녀교육비에 돈이 너무 많이 들어가서 도저히 여유가 생기질 않는다고 했다. 그러니 제발 와이프를 설득해달라는 것이 통화의 요지였다. 이런 경우는 상담을 진행하는 것이 쉽지 않다. 고객의 니즈가 전혀 없는 경우에 설득을 하기란 매우 어렵기 때문이다. 또한 지인이라는 점도 마음에 걸렸다. 하지만 선배의 간곡한 부탁을 거절할 수 없어서 어려운 마음으로 선배의 와이프를 만나게 되었다.

첫 번째 상담
- 9월 23일

가로수의 잎이 푸름을 벗고 하나둘 낙엽이 되어 떨어지기 시작할 무렵이었다. 선배 결혼식 때 처음 뵙고 간간이 소식만 전해 듣던 터라 참으로 어색한 만남이었다.

"안녕하셨어요?"

"네, 그동안 잘 지내셨죠? 저희 집 이사하고 집들이를 한번 하려고 했는데 마음만 먹고는 여태 못했네요."

"아이들은 건강하죠? 지금 많이 컸겠는데요?"

"그럼요, 너무 잘 크고 있어서 걱정이죠."

형수는 잠깐 사이를 두었다가 다시 말했다.

"큰애는 내년에 1학년 되고요, 작은애는 네 살이에요."

"와, 벌써 그렇게 됐어요? 하긴, 저희 애도 벌써 다섯 살이네요."

시간이 참 빠르긴 빠르다. 선배네 첫째가 태어났을 때 부러워했던 것이 엊그제 같은데 선배가 벌써 내년에 학부형이 된다니 말이다.

"세월이 참 빠르죠?"

나는 조금 겸연쩍게 웃으며 말했다.

"그렇죠. 참 빨라요."

형수도 애써 어색함을 감추려 드는 것 같았다.

어떻게 상담을 시작해야 할지 난감한 순간이었다.

"저희 남편이 너무 어려운 부탁을 한 것 같아요. 제가 설득해보려고 했지만 남편이 워낙 강경하더라고요. '이 사람 이렇게 고집이 센 사람이었던가?' 싶었다니까요!"

나의 어색함을 눈치 챘는지, 형수가 먼저 말문을 열었다.

"사실 저는 아이들이 스스로가 원하는 적성을 발견해서 그 길로 나갔으면 해요. 꼭 공부를 잘해야 된다고 생각하는 편도 아니고요. 그래서 여러 가지 다양한 기회를 만들어주고 싶은 마음이거든요. 만약, 우리 애가 그림에 천부적인 소질이 있다고 해봐요. 그렇다고 한들 그림을 그려보지 않으면 스스로 소질이 있는지 없는지 깨달을 수조차 없는 것 아닐까요?"

형수는 자신의 교육철학에 상당히 확고한 자신감을 비추었다.

"그래서 전 미술이나 음악, 체육 등 모든 분야를 아이가 전부 경험해보았으면 좋겠다 싶은 건데요, 애들 아빠는 쓸데없이 학원만 많이 보낸다고 성화랍니다. 저라고 아이들이 매일 피곤해서 집에 오는 것을 마음 아파하지 않는 것은 아니잖아요? 하지만, 아이들의 미래를 위해서 기회를 열어주는 것이라 생각하는데 남편은 생각이 좀 다른가 봐요."

원래 선배는 와이프나 아이들에게 참 잘한다. 나도 선배를 보며 가끔은 아빠로서나 남편으로서 더욱 잘해야겠다는 자극을 받을 때도 많았다. 이 가정은 남부러울 것 없이 잘 굴러간다고 생각했는데, 자녀교육 문제로 부부간의 갈등이 생각보다 심한 것 같았다.

"한국의 교육현실이 참 안타깝죠. 아이들의 적성을 깨우쳐주는 것은 공교육의 몫이라고 생각하는데요, 현실적으로 그렇지 못하니 부모들이나 아이들이나 모두 고생하는 것 같아요. 저도 이제 곧 아이를 학교에 보내야 되는데 당장 두렵긴 하더라고요."

나도 첫째 아이가 곧 학교에 가야 하기에 더욱 공감이 가는 이야기였다. 하지만 오늘은 재무설계 전문가로서 고객과 상담 중이라는 것을 잊지 말아야 했다.

"그러면 두 아이 학원은 뭘 보내고 계신가요?"

일단 교육비가 얼마나 드는지 알아야 했기에 기본적인 질문부터 시작했다.

"첫째는 영어유치원을 다니고 있어요. 우리 아이들 세대는 영어가 필수니까요. 영어에 어느 정도 친숙해지면, 중국어도 같이 가르쳐볼까 해요. 지금 다니는 유치원에서 중국어도 같이 배울 수 있어서 좋을 것 같아요."

예상대로 제일 처음 답변은 영어였다. 한국만큼 영어에 열광하는 나라도 없을 것이다. 오죽하면 '영어공화국'이라는 별명이 붙었을까? 영어만 잘하면 무조건 잘 된다는 믿음이 어디에서 생겨난 것인지 궁금하다.

"영어유치원 다니는 것 말고 다른 것도 하는 게 있나요?"

영어공화국에 대한 비판은 잠시 접어두기로 하고 질문을 계속했다.

"첫째는 그림 그리는 것을 좋아해서 미술학원을 꾸준히 다니고 있어요. 둘째는 아직 어리지만 발레학원을 다니고 있고요. 처음에는 첫째랑 둘째 모두 발레학원을 다녔는데 첫째는 영 흥미를 못 느껴서 그만뒀어요. 그런데 둘째 아이는 좋아하더라고요. 둘째도 좀 자라면 영어유치원을 보낼까 해요."

"정리하면, 영어유치원, 발레학원, 미술학원이네요. 선배한테 이야기를 듣고 제가 너무 과한 상상을 했나요? 예상보다 많이 다니는 것은 아닌데요?"

"그렇죠? 저보다 더한 엄마들이 얼마나 많은데요. 그래서 전 남편이 너무 현실을 모르는 것이 아닐까 싶다니까요."

좀 억울하다는 말투였다.

"그러면 두 아이 앞으로 들어가는, 비용이 한 백만 원쯤 되나요?"

슬그머니 어려운 질문을 했다.

"120만 원이요. 영어유치원이 좀 비싸서요. 매월 고정적으로 들어가는 비용에다 학기당 들어가는 비용도 고려하면 그 정도 될 것 같아요."

그 선배가 연봉이 오천만 원 정도 되니, 월급은 세전으로 한 달에 400만 원 정도일 것이다. 그 정도면 4인 가족이 먹고살기에 크게 부족한 금액은 아니다. 그런데 120만 원이 아이교육비로 지출된다고 하면 이야기가 달라진다. 월급이 세후 350만 원 정도일 텐데 120만 원이 교육비라면 수입의 1/3은 전부 아이 교육비인 셈이다. 선배가 나에게 부탁을 한 마음이 어느 정도 짐작이 가는 순간이었다.

"네, 일단 잘 알았습니다. 제가 다음번에 재무설계안을 가지고 찾아뵙겠습니다. 제가 다른 고객님들 상담할 때에도 첫 번째는 그냥 이런저런 이야기를 나누고 끝내거든요."

나는 첫 번째 상담을 마무리했다.

"저도 오늘 즐거웠습니다. 그럼 다음에 뵙죠."

형수는 자리에서 일어섰다.

형수와 상담을 끝내고 선배에게 전화를 걸었다. 사실 한 달 생활비나 현재 재무상태에 대한 질문을 더 했어야 했지만 그 이야기는 선배와 하는 편이 낫겠다고 판단했기 때문이다.

"선배, 방금 형수님이랑 상담했어요."

"어, 알고 있었어. 안 그래도 전화를 한번 해볼까 했는데 마침 전화해줘서 고마워."

"사실 생활비를 얼마나 쓰냐, 이런 것은 개인적인 사안이라 제삼자의 입장에서는 뭐라고 할 수 있는 것은 아니거든요. 다만, 저는 현재의 소득수준이나 재산 상태를 감안해서 어느 정도의 가이드라인을 제공해주는 것이 전부죠."

"그렇지. 사람마다 가치관이 다르니까. 나만 해도 와이프랑 애들 교육비 문제로 의견이 다른데 세상 사람들이 생각하는 것이 얼마나 가지각색이겠니?"

"그래서 말인데요, 선배 얼마 전에 집 샀다고 하지 않았어요? 사실 이런 건 형수님한테 여쭤봤어야 했는데, 입이 잘 안 떨어지더라고요."

나는 솔직히 이야기했다.

"응, 그래. 아무래도 아이가 학교를 들어가야 된다고 생각하니 계속 이사를 다니는 것도 그렇더라고. 대출 1억 받고 집 샀어. 그랬더니 이자가 만만치 않은 거야. 그동안 모아두었던 돈도 집 사면서 다 썼으니 지금은 예금이고 펀드고 아무 것도 없는 상태야."

이 정도면 선배네의 현금 흐름이나 재무상태는 대충 파악이 가능했다.

"집값은 좀 올랐어요?"

나는 장난스런 투로 물었다.

"내가 샀을 때보다는 떨어지지는 않은 것 같더라고. 뭐, 요즘은 집값이 예전처럼 하루가 다르게 오르지는 않는 추세지만 그래도 내 집이 있으니까 좋긴 하더라고."

선배는 특유의 호탕한 웃음을 지었다.

"다음에 형수님 다시 만나기로 했으니까, 그때 제가 재무설계안을 가지고 찾아뵐게요. 참, 그리고 자료는 선배한테도 이메일로 보낼게요."

처음에는 선배의 부탁이 어렵게만 느껴졌지만 이런 기회를 통해 선배와 더욱 가까워진 것 같아 기분이 좋아졌다.

두 번째 상담
- 9월 30일

두 번째 상담 약속을 잡고 약속장소로 향하는 발걸음은 첫 번째 상담 때보다 훨씬 가벼웠다. 선배의 부탁으로 시작한 재무설계였지만, 부부 문제를 해결해야 한다는 중압감이 없지 않았다는 것을 깨달았기 때문이다.

재무설계는 한번에 이루어지는 것이 아니다. 꾸준히 고객과 이야기를 나누고 숨은 니즈를 찾아내야 한다. 그렇게 알아낸 고객의 정보를 바탕으로 재무설계안을 작성한다. 하지만 더욱 중요한 것은 재무설계안을 주기적으로 모니터링하는 것이다. 재무설계안을 잘 실행하는 분도 있지만, 그렇지 않은 분도 있다. 결국 중요한 것은 고객의 선택이며 실행의지이다. 선배 부부의 문제는 선배와 형수가 해결할 것임을 잠시 잊고 있었다는 점을 깨닫고 나니 마음이 한결 편해졌다.

약속장소에 조금 일찍 도착해 재무설계안을 점검하고 있었는데 형수가 도착했다.

"제가 늦은 것은 아닌 것 같은데, 일찍 나오셨나 보네요?"

형수는 미소를 지어 보이며 말을 건넸다.

"가을 바람이 좋아서 계절을 즐기고 있었습니다."

나도 기분 좋게 응답하였다.

"만나자마자 이런 질문을 해서 죄송합니다만, 혹시 가계부는 쓰고 계신가요?"

"처음에는 썼는데요, 매번 돈도 안 맞고 해서 요즘은 안 쓰고 있어요. 그런데 왜 물어보시나요?"

● 표 3 **현금흐름표**(설계 전 추정) ●

소득		지출	
근로소득	400만 원	**세금**	
		소득세 / 주민세 등	30만 원
		건강보험료	16만 원
		국민연금	16만 원
		합계	**62만 원**
		생활비	
		아파트 관리비	15만 원
		식비	30만 원
		통신비	15만 원
		교통비	20만 원
		각종 공과금	10만 원
		이자	50만 원
		의류비	10만 원
		교육비	120만 원
		의료비	10만 원
		경조사 등 기타 생활비	18만 원
		합계	**298만 원**
		저축과 투자	
		개인연금	25만 원
		보험	
		종신보험	15만 원
합계	400만 원	합계	400만 원

"제가 지난번 상담내용을 근거로 현금흐름표를 작성해보았거든요. 현금흐름표라고 하면 좀 어려울 수 있는데요, 가계부라고 생각하시면 됩니다."

나는 현금흐름표를 내밀며 말했다.

"한 달 생활하시는 것과 제가 작성한 것이 좀 비슷한가요?"

형수는 하나하나 짚어가며 꼼꼼히 검토하고는 대답했다.

"크게 잘못된 것은 없는 것 같아요. 그런데 왜 매달 돈이 부족한지 모르겠어요. 그래서 전 대출 이자 때문에 그러려니 했거든요."

"가계부를 꼼꼼히 쓰는 가정도 사정은 마찬가지일 겁니다. 고객님들 대부분이 현금흐름표를 보고는 그런 말씀을 하세요. 분명히 돈이 남아야 정상인데 매달 부족하다는 말씀을 많이 하시거든요."

나는 실망한 듯 보이는 형수를 위로했다.

"그렇군요. 다시 가계부를 써봐야겠어요."

"객관적으로 이 현금흐름표를 봐주시겠어요? 지출이 제일 많은 부분이 어디인가요?"

나는 간접적으로 물어보았다.

"역시 교육비이군요"

형수는 고개를 끄덕끄덕하며 대답했다.

"사실 교육비가 많네 적네를 이야기하는 것은 기준을 어디에 두느냐에 따라 달라집니다. 200만 원씩 쓰는 집도 있고, 또 50만 원만 쓰는 집도 있고 하니까요. 그런데 제가 말씀드리고 싶은 점은 생활비가 300만 원 정도인데 그중에 120만 원이 자녀 교육비라는 것입니다."

나는 최대한 객관적인 분위기를 유지하며 이야기를 해나갔다.

"이렇게 놓고 보니 교육비가 많긴 하네요. 그래도 부모가 좀 덜 먹고 덜 입는 게 아이들의 미래를 위해 중요하지 않을까 생각해요."

자신을 희생해서 자녀를 위하려는 부모의 마음은 늘 눈물겹다.

"네, 저도 부모이니 그런 마음 충분히 이해할 수 있습니다. 다만, 아이들이 대학을 들어갈 즈음이면 선배도 퇴직을 준비해야 할 것인데요, 그게 좀 걱정입니다."

나는 잠시 뜸을 들였다가 다시 입을 열었다.

"초등학교, 중학교, 고등학교 비용보다는 대학교 비용이 훨씬 많이 들어간다는 것, 아실 거예요. 그런데 많은 비용이 들어가는 아이들 대학시절에 선배는 퇴직을 맞이해야 한다는 점이 참 아이러니죠."

"저도 교육비 관련 기사를 보거나, 대학등록금 뉴스를 보면 덜컥 겁이 나긴 하더라고요. 하지만 제가 뭘 준비해야 할지도 모르겠고, 남편 회사에서도 일정부분 교육비 지원이 되니 그것만 믿고 있었던 것 같아요."

"우선 자녀 교육비가 얼마나 들지 예상을 해보았습니다. 첫째의 경우 대학 졸업까지 2억 천만 원 정도 듭니다. 아이가 둘이니까 단순히 계산해도 교육비로 4억 원은 필요하다는 것이죠."

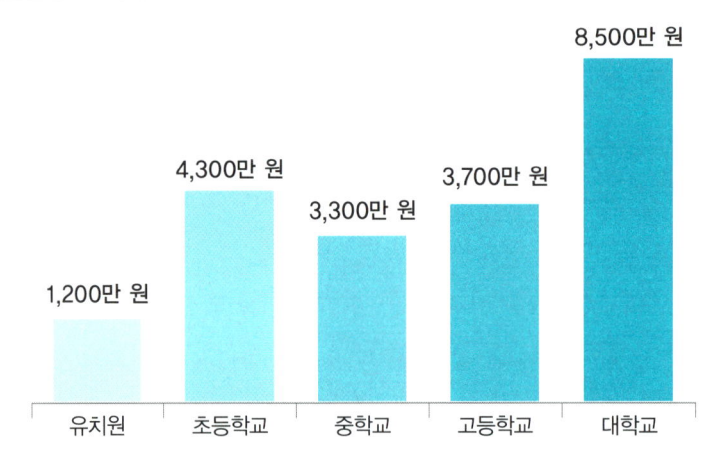

● 그림 3 **예상 교육비** ●

"교육비가 그렇게 많이 드나요? 앞날이 깜깜해지는 것 같아요."

"그런데 이게 사교육비를 한꺼번에 더하다 보니 좀 더 크게 느껴지는 것은 사실입니다. 대학비용 8,500만 원도 아이가 대학을 들어갈 때 필요한 것이니까요. 게다가 교육비 인상률이 사회적으로 문제가 되고 있으니 이 금액은 줄어들 가능성도 꽤 큽니다."

"그래도 마음이 답답하긴 하네요. 지금도 애들 둘 키우는 게 빠듯한데, 앞으로 돈 들어갈 일 생각하니 어찌해야 할지 모르겠어요."

형수의 표정이 어두워졌다.

"그래서 선배가 저에게 부탁한 것 같습니다. 물론, 아이에게 많은 기회를 주는 것은 좋습니다. 저도 부모 된 입장으로 아이에게 좋은 것만 해주고 싶고, 다양한 경험을 시켜주고 싶습니다. 원하는 대로 다 못해주는 못난 아빠인 것 같아 아이에게 한없이 미안할 때도 있고요."

"내년에 아이 학교 보낼 생각을 하니 제가 더욱 불안해지더라고요. 우리 애만 못 따라가면 어떻게 하나 걱정도 되고. 그래서 미리미리 배워두면 학교에서도 좋을 것 같아서 좀 무리를 해서 영어유치원에 보내는 거고요."

대부분의 부모가 이런 마음일 것이다. 사교육비의 부담이 크다는 것을 알면서도 막상 실천하려고 보면 아이 걱정이 앞서 '내가 조금만 덜 쓰지'라는 생각을 하게 된다.

한국의 교육실정에 대해 한탄만 하고 있을 때가 아니어서 분위기 전환도 할 겸 이렇게 물었다.

"그런데 혹시, 지금 다니는 영어유치원이나 다른 학원들이 아이들에게 정말 도움이 될 거라고 생각하시는 건가요? 어차피 돈을 쓸 거라면 아이들에게 제일 도움이 되는 방향으로 사용하는 것이 좋을 텐데요."

사교육비를 줄여 퇴직 후 준비를 하라고 하면 대부분의 부모는 거부반응을 가지게 마련이다. 그런데 어차피 아이들에게 들어가는 비용이라면 최대한 효율적으로 사용해야 한다고 말씀을 드리면 그 이야기에는 많이 동감한다.

"아무래도 언어는 어렸을 때 습득하는 것이 좋다고 들어서요. 발레나 다른 것도 마찬가지 아닐까요? 몸이 유연할 때 배워두는 것이 나중에 커서 배우는 것보다 훨씬 좋을 것 같고요."

예상했던 대답이 돌아왔다.

"그렇죠. 그렇다면 영어는 너무 일찍 시작해도 아이에게 혼란을 줄 수 있다는 것도 아시겠네요? 한국말도 잘 못하는 아이에게 영어를 가르친다고 본토박이 수준으로 2개 국어를 할 수 있다고 생각하시는 부모들도 많거든요. 사실 영어는 커뮤니케이션의 수단일 뿐인데, 한국에서는 영어가 목표가 되어버렸어요. 영어를 잘하면 무엇이든 잘할 수 있다고들 생각하시거든요. 어렸을 때 영어를 배워두면 좋긴 하죠. 하지만 그 나이가 너무 어려도 빨리 잊어버릴 수도 있답니다."

형수가 뭐라고 대답할 틈을 주지 않고 바로 이야기를 이어나갔다.

"사실 아이의 인생에서 제일 중요한 시기는 대학입니다. 대학에 따라서 취직자리가 결정되기 때문이죠. 그래서 부모들은 좋은 대학을 보내려고 유치원 때부터 사교육을 시작하게 됩니다. 중요한 것은 모든 아이들이 모두 좋은 대학, 소위 말하는 SKY에 입학할 순 없다는 점입니다. 그렇다면 아이의 적성에 맞는 진로를 미리 찾아주는 것이 중요하겠지요. 남들 하는 대로 어렸을 때부터 영어를 배운다고 아이가 자라서 좋은 대학에 입학한다면야 이런 고민을 할 필요도 없는 것이고요."

냉정한 이야기였지만 현실이 그러했다. 나는 이야기를 계속했다.

"사실 꼭 우리나라 대학만을 고집할 필요도 없습니다. 유럽에는 등록금이 전혀 없는 대학도 많고요, 사립도 등록금이 아주 싼 편입니다. 영어유치원을 다니는 것보다는 해외에서 경험을 쌓으면서 자연스럽게 언어를 익히는 것이 아이에게 더욱 도움이 될 거라고 생각하지는 않으세요?"

형수는 생각에 잠긴 듯이 보였다.

"하지만, 아이의 적성이 무엇인지 모르니까 여러 가지를 해보는 것이거든요."

"네, 그럼 제가 단도직입적으로 하나만 묻겠습니다. 지금 첫째가 미술학원을 다닌다고 하셨잖아요. 그렇게 한국에서 학원을 다니면 피카소나 고흐 같은 화가가 될 수 있다고 생각하시나요?"

역시 냉정한 질문이었지만 어쩔 수 없었다. 형수의 마음이 이해가 안 되는 것은 아니었지만 나는 이야기를 계속 이어갔다.

"요즘 미술계에서는 손으로 그리는 시대는 이미 지났습니다. 어쩌면 사진 기술이 발달한 이후부터 미술의 본래 의미는 퇴색해가는 것인지도 모르죠. 예술 영역에서도 컴퓨터 작업이 점점 커지고 있고요. 그림을 찍어내는 것으로 유명했던 미국의 유명한 팝 아티스트 앤디 워홀의 상업성이 더 이상 이슈가 되지 않는 것만 봐도 그렇습니다. 어쩌면 미술은 테크닉이 아니라 인간의 본질로 접근하는 편이 아이의 미래를 위해서도 좋을 것 같아요. 입시미술 과정을 밟는다면 테크닉만 뛰어난 화가로 양성하게 되는 것이죠. 그리고 한국에는 그런 화가들이 넘쳐나고 있고요."

내 말에 일정 부분 수긍하는 듯 형수는 고개를 끄덕이며 대답했다.

"그러고 보니 저는 아이의 미래에 대해 고민이 부족했던 것 같아요. 지금 기준으로 아이의 미래를 생각했던 것 같기도 하고요."

"아닙니다. 그렇게 의기소침하실 필요는 없습니다. 전 그래서 이왕 아이에게 돈을 쓴다면 제대로 잘 써야 한다고 말씀드리고 싶은 것입니다. 아이가 유학을 준비하고 있었는데 그때 만약 선배가 예상치 못하게 일찍 퇴직을 한다면 어떨까요? 말씀대로 아이가 어렸을 때 많은 것을 경험해보면 좋을 것 같지만, 세계적인 발레리나 강수지는 중학교 때 발레를 시작했습니다. 그러고도 지금의 자리에 올라선 것이죠. 어쩌면 지금 시기의 중요한 경험을 꼽자면, 부모님과 많은 교감을 나누고, 주변의 것들에 대해 알아가는 일일지도 모릅니다."

예상 외로 두 번째 상담은 긴 시간이 소요되었다. 그래서 준비했던 재무제표를 드리지도 못했다. 하지만 형수도 어느 정도는 수긍하는 모습이어서 상담을 여기서 마치기로 했다.

"오늘은 여기까지 하도록 하죠. 집에 가서 아이와 대화도 나눠보세요. 어떨 때 제일 좋은지도 물어보시고요. 아이들은 어쩌면 엄마에게 인정받기 위해서 놀고 싶은 마음을 억누르고 학원에 다니고 있는지도 모르거든요. 그러면 다음에 뵙겠습니다."

형수는 마음에 상처를 받은 듯 보였지만 애써 웃음을 지어보였다.

세 번째 상담
- 10월 4일

세 번째 만났을 때 형수의 얼굴은 훨씬 밝아보였다. 개천절을 이용해 아이들이랑 동물원에 다녀왔는데 비록 몸은 피곤했지만 아이들이 무척 좋아해서 기뻤다고 했다.

"제가 지난번에 말씀드린 것은 좀 생각해보셨나요?"

"네. 아이들에게도 물어보고 남편이랑도 다시 이야기를 해보게 되었어요. 인정하고 싶진 않았지만, 제 욕심이 아이들을 그렇게 내몰았나 싶기도 하더라고요. 한번 인정하고 나니 마음이 조금은 편해졌답니다. 하지만 주변을 둘러보면 또 나만 뒤처지는 것 같아 속상해지더라고요. 아이들과 장래희망에 대해서도 이야기하고, 지금 유치원이나 학원 다니는 것에 대해서도 이야기를 나눴어요. 아이들은 영어를 배우는 것도 재밌고 학원을 다니는것도 재밌다고는 해요. 그런데 그게 친구들이랑 같이 놀 수 있는 기회라서 그런 게 아닌가 싶기도 해요."

이 대답에서 짧은 시간이었지만 많은 고민을 했다는 것을 느낄 수 있었다.

"그러면 일단 제가 드리는 제안을 좀 들어보실래요?"

나는 수정된 현금흐름표를 보여드렸다.

● 표 4 **현금흐름표(설계 후)** ●

변경 전		변경 후	
교육비	120만 원	교육비	60만 원
		어린이 펀드	60만 원

"우선 교육비를 60만 원으로 줄여보세요. 첫째가 내년에 학교를 가니 영어유치원도 몇 개월 남지 않았네요. 중간에 그만두면 아이가 친구들이랑 헤어져서 섭섭할 수도 있으니까, 그건 어머님이 아이와 잘 상의해서 결정하시면 됩니다. 우선 절반으로 줄이는 게 어려우면 찬찬히 줄여보세요. 학원을 그만두면서 속상한 마음이 드신다면, 어제처럼 아이와 동물원에 가는 횟수를 늘려보는 것도 좋을 것입니다. 그리고 그 나머지 금액으로 어린이 펀드를 가입하세요. 보통 어린이 펀드는 10년짜리이니, 30만 원씩 10년을 불입하면 원금만 계산해도 3,600만 원입니다. 지금부터 10년 이후라면 첫째가 고등학교에 갈 때입니다. 그러면 아이 학자금을 마련한다고 생각해도 좋겠네요. 당장 사교육비를 줄인다고 생각하지 마시고 지금부터 아이의 대학자금을 미리 마련해둔다고 생각하세요. 그러면 선배의 퇴직과는 관계없이 아이의 공부를 시킬 수 있으니 마음이 편하실 겁니다. 또한 아이가 외국에서 공부하고 싶다고 해도 아이 명의의 펀드가 있다면 부담이 줄어들 테고요."

"잘 알았습니다. 아이의 대학자금을 미리 마련해둔다니 마음이 좀 편해지긴 합니다. 그런데 아이가 초등학교에 들어가면 아무래도 같은 반 아이랑 비교가 될 거라서 걱정이긴 하네요."

형수는 솔직한 심정을 이야기했다.

"그렇죠. 하지만 많은 부모들이 선행학습에 열을 올리고 있는데, 그것에 너무 신경 쓸 필요는 없습니다. 초등학교 졸업하기 전까지는 독서습관에만 신경 쓰시면 됩니다. 학교에서 배우는 것, 시험문제, 모두 글로 되어 있죠. 수학도 그렇습니다. 설명은 모두 글입니다. 제시된 글을 빨리 읽고 잘 이해하는 것이 공부를 잘하는 기본입니다. 글을 잘 이해하는 아이는 무엇이든 이해하기가 쉽죠. 그러면 학교공부가 자연스럽게 재미있어집니다. 선행학습으로 아이를 지치게 만들 필요는 없는 것이죠. 독서습관을 들이는 것이 제일 중요합니다."

내 조언에 형수는 "그렇군요. 아이들이 책을 좋아하니 다행이네요"라고 대답했다.

상담 내내 우울한 표정이었던 형수는 오랜만에 활짝 웃음을 지었다.

"돌아가서 잘 생각해보시고요, 우선 첫째 명의로 어린이 펀드를 하나 가입하세요. 처음부터 30만 원이 부담스러우시면 10만 원부터 시작하시면 됩니다."

"네, 잘 알았습니다. 다음에 집에 한번 놀러 오세요. 지난번 집들이도 못하고 그냥 지나갔으니 이번 기회에 감사도 드릴 겸 초대하고 싶네요."

이렇게 해서 형수와의 상담은 세 번만에 끝이 났다.

오늘의
재무설계 포인트

과도한 사교육비 문제는 어제오늘의 문제가 아니다. 너도나도 사교육비 부담을 이야기하니 당연하게 받아들이는 것이 더욱 문제가 아닐까 싶다. 생활비에서 사교육에 지출하는 비중을 따져볼 필요가 있다. 그리고 지금 투자하고 있는 사교육이 정말 효과가 있는 것일지 곰곰이 생각해보아야 한다.

케이블 TV 프로그램 중에 〈엄마! 영어에 미치다〉가 있다. 이 프로그램을 보다 보면 참 대단한 엄마들이 등장한다. 아이가 여섯 살인데 지금까지 영어교육으로 쓴 돈이 1억 5천만 원이라는 엄마도 나오고, 아이의 영어공부를 위해 외국인이 많이 살고 있는 의정부로 이사를 한 엄마 이야기도 나온다. 하지만 하나같이 아이들은 영어를 싫어하고 거부반응을 보인다.

프로그램에서는 전문가들이 엄마에게 솔루션을 제공해준 후 4주간의 실천 시간을 준다. 그리고 4주 후에 변화된 아이의 모습을 보여준다. 영어를 그렇게 싫어하던 아이가 스스럼없이 영어로 이야기하는 것을 보면 아이에게 쓰는 사교육비와 아이의 실력이 늘 정비례하는 것은 아니라는 것이 드러난다.

영어만이 아니다. 과도한 선행학습으로 공부에 질려버린 아이들도 많다. 학교에서는 '이미 알고 있어'라며 집중을 하지 않고, 학원에 가서는 피곤해서 집중이 안 된다. 그렇게 여러 번 배웠는데 성적은 매번 거기서 거기인 이유가 무엇일까?

맞벌이를 하는 부모들은 아이에게 신경을 많이 못 쓴다는 미안함에 사교육에 더욱 열광하는 경우가 많다. 하지만 잘 생각해보자. 모든 아이들이 1등을 할 수 있을까? 내 욕심으로 아이에게 너무 많은 것을 기대하고 있는 것은 아닐까?

진정 아이의 미래를 위하는 길을 찾고 싶다면, 사교육비를 줄여 아이 명의로 펀드를 만들어두는 것이 훨씬 좋을 것이다. 아이가 진정으로 자신이 원하는 것을 찾았는데, 부모가 전폭적으로 지원해주지 못한다면 얼마나 마음이 아프겠는가? 아이가 어릴수록 아이에게 드는 비용을 최소화하는 것이 가정에서 사교육비 고민을 줄이는 첫 걸음일 것이다.

퇴직준비를 시작하려는
40대 초반 직장인의 고민

40대는 인생에서 가장 활동적인 시기이며 퇴직준비에서는 매우 중요한 시기이다. 직장에서는 어떤 조직의 소속원이 아니라 조직을 이끄는 리더가 되어 있고, 업무에 대한 지식과 경험이 쌓여 자신감이 가득하며, 후배직원의 실수도 감싸줄 수 있는 마음의 여유도 가지고 있다.

자산관리의 측면에서도 마찬가지다. 30대의 사회초년생일 때에는 돈을 모으는 데 집중했다면, 40대에는 축적된 자산의 관리에 더욱 신경을 써야 하는 시기이다.

폭설이 내려 온 세상이 하얗게 덮인 날, 어떤 분이 지점을 찾아왔다. 원래 증권회사 객장에는 손님들이 많이 드나들지 않을뿐더러, 그날은 눈까지 와서 더욱 손님의 발길이 뜸했기에 기억에 또렷이 남아 있다. 이분은 대뜸 말씀을 꺼냈다.

"TV에서 '자산관리, 자산관리' 하던데, 저도 그런 거 한번 받아 보려고 합니다!"

첫 번째 상담
- 12월 9일

자산관리의 기본은 고객의 재무목표를 명확히 하는 것이다. 대기업 차장으로 재직 중인 이 고객은 42세이고, 초등학교 1학년인 아들 한 명이 있었다.

"혹시 연봉은 얼마나 받고 계신가요?"

나는 초면에 실례를 무릅쓰고 물어보았다.

"7천만 원 정도입니다. 저희 회사는 연봉제라서 세금을 제하고 나면 매월 450만 원쯤 손에 쥐게 되더라고요."

"세 식구가 생활하기에 부족한 금액은 아닌 것 같네요?"

"사실 월급이 적은 편은 아닌데, 왜 매달 힘든지 모르겠어요. 아내가 돈을 헤프게 쓰는 타입도 아니고 저도 그렇거든요. 그런데 늘 돈이 들어갈 일이 생기더라고요. 지난달에는 저희 아버지가 입원하셔서 병원 드나드느라 좀 힘들었습니다. 그래도 아내가 잘 따라줘서 고마울 따름입니다. 시댁으로 돈이 좀 들어가는데도 군소리 않고 든든히 지원해주니 어쩔 땐 내가 너무 미안한 마음이 든다니까요!"

"그러면 저축이나 부동산, 이런 건 얼마나 갖고 계신가요?"

"은행에 정기예금으로 5천만 원 정도 있습니다. 지금 살고 있는 집이 좀 낡긴 했지만 제가 대출받고 무리해서라도 구입한 게 돌이켜보면 잘했던 것 같습니다. 30평형대에 시가 4억 원 정도인데, 이제는 아이 학교도 생각해야 해서 이사를 고민 중입니다."

성실하고 우직해 보이는 외모에 비해 투자에서는 저돌적인 면이 있다는 생각이 들었다.

"와, 대부분의 40대 직장인에 비해서 상당한 자산가이신데 너무 엄살 부리시는 것 아닌가요?"

이때 갑자기 고객의 직장에서 급한 전화가 와서 퇴직 이후의 계획에 대해서는 물어볼 틈도 없이 다음을 기약해야만 했다.

두 번째 상담
- 12월 12일

첫 번째 만남에서 얻은 정보를 토대로 고객의 재무상태표와 현금흐름표를 작성해놓은 상태에서 두 번째 상담을 하게 되었다.

"자산내역은 지난번 상담결과에 따른 것이고요, 현금흐름표를 위한 지출내역은 삼 인 가족 평균치에 십 퍼센트 정도 가산한 금액으로 계산해보았습니다."

나는 다음의 표 5과 6을 고객에게 내밀었다.

● 표 5 **재무상태표**(설계 전 추정) ●

자산		부채
거주부동산	4억 원	없음
금융예금	5천만 원	
국민연금	5천만 원	
합계	5억 원	

고객은 재무상태표를 살펴보더니 물었다.

"어? 왜 국민연금이 5천만 원인가요?"

"많은 분들이 국민연금을 세금으로 생각하시는데요, 이차장님은 15년간 근무하시면서 불입한 국민연금이 지금은 5천만 원 정도 됩니다."

"아니, 국민연금이 그렇게 많은 줄 몰랐는데요?"

"국민연금은 개인이 부담하는 금액만큼 사업장에서도 내주기 때문에, 실제보다 많게 느껴질 것입니다. 이차장님은 지금 국민연금에서는 소득 최고등급이기 때문에 매월 16만 8천 원 정도 내고 계실 거예요. 하지만 국민연금관리공단에는 그 금액의 두 배인 33만 원 정도가 적립되는 거죠."

고객은 이해가 되었다는 듯 고개를 끄덕였다. 그리고 마이너스 통장 잔고 450만 원을 부채란에 기록해달라고 요청했다. 이어서 현금 흐름표를 검토하였다.

표 6 **현금흐름표(설계 전 추정)**

소득		지출	
근로소득	540만 원	**세금**	
		소득세 / 주민세 등	50만 원
		건강보험료	20만 원
		국민연금	16만 원
		합계	**86만 원**
		생활비	
		아파트 관리비	25만 원
		식비	40만 원
		통신비	17만 원
		교통비	40만 원
		각종 공과금	25만 원
		의류비	16만 원
		문화생활비	16만 원
		교육비	40만 원
		의료비	18만 원
		부모님	30만 원
		경조사 등 기타 생활비	30만 원
		합계	**297만 원**
		저축과 투자	
		개인연금	25만 원
		정기적금	50만 원
		보험	
		변액보험	30만 원
		종신보험	20만 원
합계	540만 원	합계	508만 원
		차액	**32만 원**

"지난번 상담에서 여쭤보지 못해서 이차장님이 현재 저축이나 보험을 얼마나 하고 계신지 파악하지 못했습니다. 하여 정기적금, 개인연금, 변액보험, 종신보험만 추정해서 계산해보니, 매월 30만 원 정도 여력이 있는 것으로 계산되었는데요."

고객은 현금흐름표를 찬찬히 살펴보더니 말했다.

"생활비 쪽은 아내가 관리하고 있어서 제가 정확히는 모르겠습니다. 이 부분은 오늘 저녁에 아내와 상의를 해봐야겠네요. 아참, 변액보험은 가입하지 않았고요, 연말정산 때문에 개인연금은 들고 있습니다."

"네, 잘하셨습니다. 이차장님처럼 근로소득이 높으신 분들은 개인연금 소득공제 효과가 크기 때문에 실질 수익률이 높은 상품입니다. 물론, 노후에도 도움이 되고요. 혹시 개인연금은 얼마 동안 가입하셨나요?

"아마 3, 4년은 된 것 같아요. 제가 차장으로 승진하던 즈음이었거든요. 그러면 개인연금 부분도 자산으로 포함시켜야 되는 건가요?"

대기업에 근무하고 있는 차장님다운 질문이었다.

"당연합니다, 재무설계서에 모두 포함시키도록 하겠습니다."

이제 본격적으로 퇴직설계에 들어갈 시점이다.

"우선 이 현금흐름표를 가정하면, 차장님 가정은 기본적으로 월 300만 원이 필요합니다. 아이가 커갈수록 교육비 지출이 늘어날 테니 이 금액은 더욱 커질 것이고요. 차장님이 지금 42세이니, 퇴직까지는 적어도 10년은 남았다고 가정할 수 있습니다. 지금부터 제2의 인생에 대한 준비를 차근차근 해나가시기에 충분한 시간이죠."

나는 종이에 그림을 그렸다. 현재 평균수명은 80세 정도이나 점점 늘어나는 추세이므로 퇴직 후 기간도 넉넉히 잡았다.

● **그림 4** 이차장님의 퇴직 수평선 1 ●

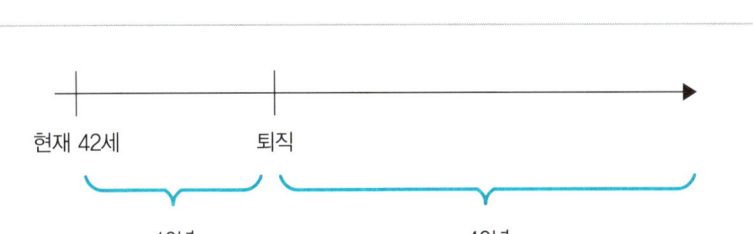

"막상 이 표를 보니 좀 막막합니다. 제가 퇴직을 할 때쯤 우리 아이는 대학교에 입학을 하게 될 텐데, 걱정이네요. 게다가 퇴직 후 40년 동안 먹고살 일도 막막한데요?"

"아닙니다, 그렇게 두려워하실 필요가 없습니다."

나는 위의 퇴직 수평선에 '국민연금'을 추가하였다.

"차장님은 국민연금을 65세부터 수령하게 됩니다. 그리고 퇴직 후에도 활발히 제2의 인생을 잘 살고 계신 분이 많습니다. 실제로 우리가 '은퇴'라고 말하는 것은 65세 전후가 아닐까 합니다. 그러면

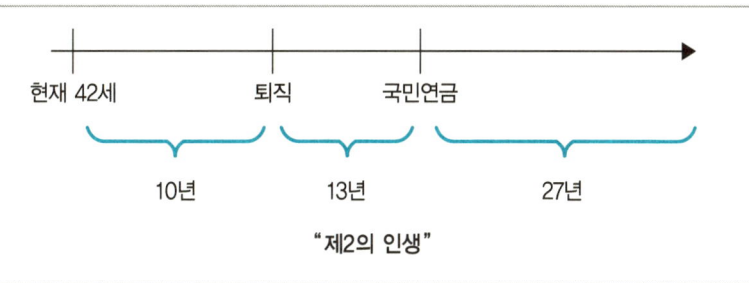

그림 5 이차장님의 퇴직 수평선 2

"제2의 인생"

퇴직 후 10여 년 동안에도 여러 가지 경제활동을 통해 돈을 버실 수 있다는 의미입니다. 물론, 지금 수준의 연봉은 아니겠지만요. 게다가, 대학 학자금은 지금부터 10년 동안 꾸준히 모아두면 퇴직 시에 큰 부담 없이 해결하실 수 있을 것입니다."

고객은 조금은 안심된 얼굴이었지만, 아직도 걱정이 다 가시지는 않은 표정이었다.

"그런데 제가 요즘 이사를 계획하고 있는데, 그러려면 대출이자 갚기에도 빠듯할 텐데 퇴직준비가 잘 될지 걱정이네요."

"아, 교육문제로 이사를 계획 중이라고 하셨죠?"

아차, 실수였다. 고객은 본인 소유의 아파트가 있어서 다른 고객들과 달리 주택대출에 대한 부분은 고려하지 않아도 된다고 지레짐작해버렸던 탓이다. 분명 첫 번째 상담에서 이사를 생각 중이라고 언급했던 기억이 떠올랐다.

"네, 제가 직장이 여의도인데 지금 사는 곳에서는 출퇴근이 한 시간 반 정도 걸립니다. 그래도 공기도 좋고 번잡하지 않은 동네라 아내도 살기 좋다고 해서 지금껏 살아왔습니다. 그런데 아이가 학교에 들어가니 마음이 좀 달라지더군요. 아무래도 학군 생각을 안 할 수도 없고, 제 출퇴근 시간을 아끼면 아이와 좀 더 시간을 보낼 수 있지 않을까 해서요. 그래서 마포 근처의 6억 원대 아파트로 이사를 할까 망설이고 있습니다."

"그렇죠. 저도 여의도가 직장이니 마포에 집이 있다면 정말 좋을 것 같습니다. 주변 여건도 좋고 생활편의시설도 많으니까요. 게다가 여러 개발 소재도 있고요."

"네, 그래서 저도 마포를 염두에 두고 있었던 것입니다. 하지만 비용이 만만치 않아서요. 지금 당장 5천만 원 정도밖에 여유가 없으니 1억 5천만 원을 대출받아야 하거든요."

고객의 주택에 대한 니즈를 파악하지 못한 실수를 만회하기 위해 나는 재빨리 계산을 해보았다.

"우선 이차장님은 주택금융공사에서 제공하는 저리의 대출상품을 이용하실 수가 없어요. 소득이 높기 때문입니다. 그러면 금리 6%에서 7%선의 주택담보대출을 이용하셔야 하는데요, 1억 5천 정도면 한 달 이자만 90만 원 정도입니다. 아까의 현금흐름표대로라면 30만 원 정도가 여유자금이니 다른 소비를 줄여서 이자를 갚아야 하실 것 같네요!"

"네, 그래서 그게 고민이었습니다. 하지만 생활비를 좀 더 아껴보면 못할 것도 없겠다는 생각이 들더라고요."

"그렇죠. 틀린 말씀은 아닙니다. 그런데 지금 조금 더 고려해보셔야 할 것은 차장님의 자산이 너무 부동산에 치우쳐 있다는 점입니다. 물론, 한국의 가정 대부분은 부동산 비중이 50 혹은 60% 이상을 차지하고 있는 것이 현실이지만 말입니다."

그림 6 이차장님의 자산구조

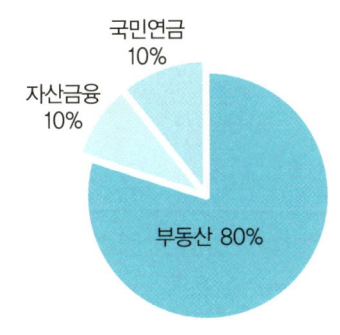

"혹시 철학자 사르트르가 '인생은 B와 D 사이의 무수한 C이다'라고 했던 말의 뜻을 아시나요?"

나는 분위기 전환도 할 겸 고객에게 질문을 던졌다.

"잘 모르겠는데요? 무슨 뜻인가요?"

"우리의 삶은 B, 즉 birth와 D, 즉 death, 그러니까 삶과 죽음 사이의 무수한 C, 즉 choice, 선택이라고 하였습니다. 차장님의 경우에도 대출을 받아 이사를 하실지 아니면 여유자금으로 퇴직준비를 하실지, 혹은 아무것도 하지 않을지 선택의 기로에 있지 않습니까? 우선 제가 다음 상담에서 퇴직설계안을 보여드리겠습니다. 어떠신 가요?"

상담이 어느덧 두 시간을 훌쩍 넘긴 터라 퇴직설계는 다음 번에 하기로 했다.

세 번째 상담
- 1월 5일

연말이라 송년회 일정이 밀려서 세 번째 상담은 거의 3주 만에 하게 되었다.

"지난번에 말씀드린 퇴직설계안에 대해 설명드리겠습니다. 차장님의 퇴직 수평선 기억나시죠? 새해가 되어 나이 한 살을 더 먹었지만 마음만은 늘 20대이니 일부러 고치지 않았습니다."

나는 우스갯소리를 하며 퇴직설계안을 보여드렸다.

"우선, 생활비는 국민연금 수령 이후에는 200만 원 정도로 가정해보았습니다. 아직 자녀가 어리기 때문에 퇴직 후에도 생활비는 그대로 유지하였고요."

고객은 고개를 갸우뚱하며 반문했다.

● **그림 7** 이차장님의 퇴직 수평선 3 ●

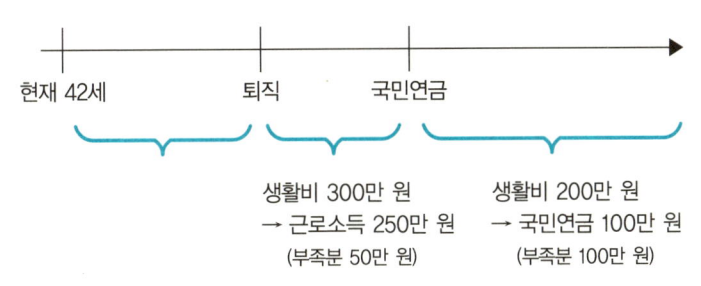

"10년 후에도 과연 300만 원으로 생활이 가능할까요? 그리고 국민연금을 수령할 때에는 이미 20년도 더 지났을 텐데 200만 원이라면 밥만 먹고 살아야 하는 건 아닌가요?"

"물가상승률을 염두에 두시는 것 보니 기본적인 경제지식이 아주 탄탄하시군요. 당연히 물가상승률을 고려해야 합니다. 하지만 10년 뒤에 400만 원의 가치라고 하면 마음에 잘 와닿지 않거든요. 지금 가치로 300만 원이라고 하는 편이 서로가 이야기하기 편하죠. 물가상승률은 잊고 지금 가치로만 생각하도록 합시다."

나는 기분 좋게 대답하고는 설명을 계속했다.

"그래서 퇴직 이후 두 번째 인생에서는 근로소득이 250만 원 정도의 직업을 찾으신다고 해보았습니다. 지금의 절반 수준이죠. 물론, 이 금액도 지금 가치로 생각하시면 됩니다. 차장님은 지금까지 회사에서 일해오신 업무경험이나 지식을 기반으로 중소기업의 경영컨설팅도 충분히 해내실 수 있을 겁니다. 그러면, 퇴직 후 13년간은 매월 50만 원 정도, 국민연금을 수령한 이후에는 100만 원 정도 부족한 부분이 발생하게 됩니다."

"저는 국민연금으로 매월 100만 원을 받게 되나요?"

"아, 정확한 금액은 국민연금 홈페이지에서 시뮬레이션을 해보시면 됩니다. 지금 당장 국민연금 납부를 중단한다면 그만큼 받기는 어렵고요. 30년 납부한다고 가정하면 100만 원 이상은 받으실 수 있을 겁니다. 이는 평균적인 금액이니 차장님은 더 받으실 수도 있을 것이고요."

"그렇군요. 저도 직접 조회를 해보면 되겠군요."

"퇴직자금을 단순하게 계산한다면, 13년간 매월 50만 원이 부족하고 27년간은 매월 100만 원이 부족하게 되니 이 금액은 총 4억 200만 원입니다. 이 계산대로라면 차장님의 현재 아파트값이죠."

"그렇게 돈이 많이 든다는 걸 미처 생각하지 못했습니다. 제 아들한테 빚 안 물려주면 다행이라는 뜻인가요? 아이의 대학등록금도 그렇고, 장가보낼 때 조금이라도 보태줘야 할 텐데……."

고객의 절망 섞인 대답이 들려왔다.

"하지만, 차장님 회사에서는 퇴직연금을 가입하고 있지 않나요? 이 계산에서 크게 빠진 것이 퇴직연금입니다. 대기업에서는 대부분 시행한 지 좀 되었습니다. 게다가 우리는 아직 투자수익률과 물가상승률 등 중요한 것을 계산에 고려하지 않았다는 것도 잊지 말아주세요."

"네, 4년 전부터 회사에서 퇴직연금을 가입하였습니다. 월급상승률이 높은 편이라면 DB형이 유리하다고 하여 DB형으로 가입하였고요."

"훌륭하십니다. 그러면 14년 정도 불입하게 되니 이 금액은 지금 연봉으로만 단순히 계산하면 7,600만 원이 되는데요, 차장님의 경우 월급인상률이 물가상승률보다는 높을 테니 이보다 더 높습니다. 연봉이 7% 정도 오른다고 가정하고 60세부터 퇴직연금을 받게된다면 매월 60만 원 정도는 받으실 수 있습니다. 이렇게 되면 퇴직 후 8년 동안은 50만 원이, 32년 동안은 40만 원이 부족하게 되죠."

나는 고객에게 마지막 퇴직 수평선을 보여드렸다.

"여기서부터 선택의 시점입니다. 물론 이 계산에는 상당히 많은

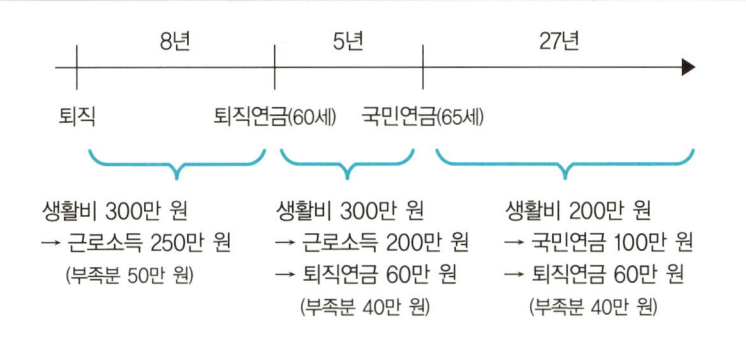

● 그림 8 이차장님의 퇴직 수평선 4 ●

가정이 들어 있으니 금액이 정확한 것은 아닙니다. 하지만 사람이 어찌 미래를 정확히 예견할 수 있겠습니까? 최대한 많은 변수를 고려하여 예상해보는 것이 전부가 아닐까요?"

"그렇습니다. 저도 회사에서 철강분야의 수출입업무를 담당하고 있는데, 매년 환율 전망 자료를 보면 언제나 틀리더라고요. 그래서 대리 시절에는 아예 관련 보고서를 읽지 않은 적도 있습니다. 하지만, 예상치에 대한 대비를 하는 것과 안 하는 것의 차이는 엄청나더군요. 지금 하신 말씀, 어떤 뜻인지 잘 알고 있습니다."

"그러면 제가 설명드리기 훨씬 수월하겠습니다. 수출입업무를 해오셨으면 퇴직 이후에도 하실 일이 꽤 많으실 것 같습니다."

분위기가 조금 편안해지는 느낌이었다.

"다시 본론으로 들어가겠습니다. 단순히 생각해서 돈이 부족하면 안 쓰든지 더 벌든지 둘 중에 하나 아닐까요? 이 경우도 마찬가지입니다. 퇴직 후 생활비가 300만 원이라고 가정한 것은 현재 수준의 생활을 그대로 유지한다는 뜻입니다. 하지만 그때는 등록금 등을 제외하면 교육비가 줄어들 것입니다. 게다가, 죄송한 말씀이지만, 부모님에 대한 부양비도 줄어들 수 있고요. 대신 의료비는 늘어날 수 있다는 점을 감안해야 합니다."

"그렇군요. 지금의 수준으로 250만 원 정도로 부부가 생활하는 것이 그리 어렵게 느껴지진 않네요."

"바로 그것입니다. 그렇다면, 차장님은 국민연금과 퇴직연금으로 노후의 대부분이 준비되신 겁니다. 게다가 개인연금은 아직 계산에 넣지도 않았고요."

"처음 퇴직 후 생활비가 4억 든다고 했을 때는 참 막막했는데 이야기를 듣고 보니 반드시 그런 것도 아닌 것 같습니다."

"그렇죠? 개인연금을 25만 원씩 불입하셨다니, 그것도 연금개시 시점과 언제까지 납입하느냐에 따라 달라지겠지만, 노후생활자금에 보태진다면 큰 힘이 될 것입니다. 그러니 차장님의 경우 본인도 모르게 노후준비를 아주 잘 해오신 겁니다."

"저는 아들이 어려서 한참 걱정했는데 정말 다행입니다."

"네, 차장님이 만약 생활비를 줄이기 어렵다 여겨지신다면 지금 현금흐름에서 30만 원이 남게 되니 이 돈으로 개인연금상품을 하나 더 가입하시길 권유드리는 바입니다. 만약, 마포 쪽으로 이사를 가신다 하더라도 국민연금, 퇴직연금, 개인연금 이 세 가지는 절대 해지하지 마시고 꼭 지켜나가셔야 합니다."

"잘 알았습니다. 아내와 상의해보겠습니다. 참, 아내 이야기가 나와서 말인데요, 아내한테 현금흐름표를 보여주었더니 고개를 갸우뚱하더라고요. 매달 돈이 빠듯한데 왜 30만 원이 남는지 모르겠다고요. 그러더니 교육비를 40만 원이 아니라 55만 원 지출하고 있고, 부모님 관련 비용이 매월 일정하진 않지만 더 들어가는 것 같다고 하더라고요."

"맞습니다. 보통 가계부를 꼼꼼히 쓰는 사람들도 돈이 어디로 새

나가는지 모르겠다고 말씀하십니다. 지금까지도 잘 해오셨으니 너무 자책하지 마시라고 전해주세요. 본격적인 자산 리밸런싱에 앞서, 지금부터는 물가상승률과 투자수익률에 대해 말씀드리겠습니다. 만약에 물가가 매년 5%씩 오르는데 투자수익률로 5%를 거둔다면 이는 인플레이션헤지만 한 것이겠지요?"

 내가 너무 빠르게 설명한 탓인지 고객은 이해가 잘 안 된다는 표정으로 되물었다.

 "인플레이션헤지요? 무슨 말인지 잘 모르겠는데요."

 "돈이란 내가 필요한 물건이나 서비스를 구매하는 데 그 가치가 있는 것 아니겠습니까? 예를 들어, 지금은 쌀 20킬로그램을 5만 원 정도면 구입할 수 있습니다. 그런데 똑같은 쌀이 내년이면 5만 2,500원이 된다고 해봅시다. 그런데 지금 수중에 5만 원이 있습니다. 이를 5%로 투자하여 내년에 5만 2,500원을 받게 되었다면 이는 올해나 내년이나 똑같이 쌀 20킬로그램의 구매력이 된다는 것이죠. 즉, 물가상승률과 투자수익률이 같다면 이는 시간과 관계없이 같은 구매력이 됩니다. 같은 논리로 물가상승률보다 높은 투자수익을 올린다면 구매력이 증가되고, 반대의 경우라면 구매력이 상실되는 것이겠지요. 이때, 물가상승률과 투자수익률이 같아서 구매력이 유지되는 것을 인플레이션헤지라고 합니다."

 "아, 무슨 말인지 알겠습니다."

 고객은 이해가 매우 빠른 편이었다.

"그래서 처음에 퇴직자금과 관련해서 물가상승률을 고려하지 않고 현재의 가치로 말씀드린 데에는, 물가상승률과 같은 수준의 투자수익을 올린다는 가정이 숨어 있었던 것입니다. 그렇게 되면 지금의 구매력이나 10년, 20년 후의 구매력이나 같아지기 때문이죠."

"그런 것이었군요!"

"투자수익률이 물가상승률을 넘어선다면 구매력이 증가됩니다. 우선 퇴직 후 생활을 위해 별도의 상품가입은 고려하지 않는다고 하겠습니다. 차장님의 가장 큰 고민인 아들의 대학교 학비 문제인데요, 지금 가지고 계신 정기예금 5천만 원으로 대학자금을 마련한

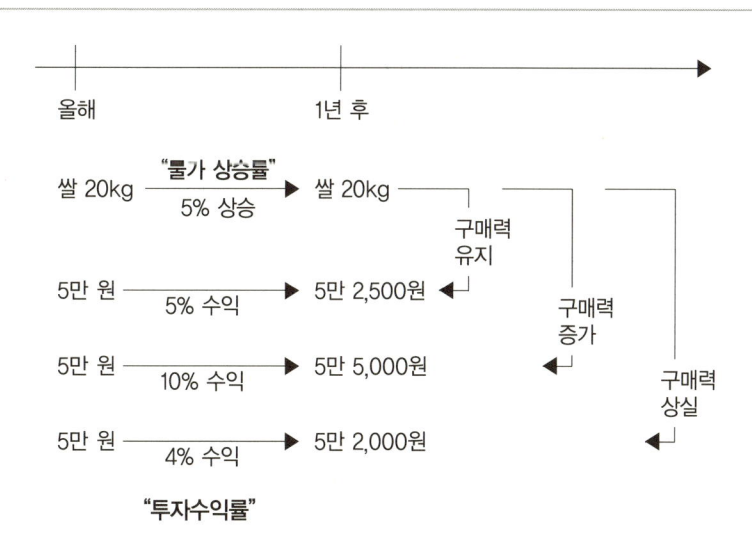

● 그림 9 물가상승률과 투자수익률 ●

다고 가정해봅시다."

고객은 자녀의 등록금 이야기가 나오니 퇴직설계 때보다 훨씬 집중력을 발휘하는 듯했다.

"앞서 말씀드린 대로 물가상승률과 투자수익률이 같아야 구매력이 보존됩니다. 요즘 반값 등록금이 사회적으로 이슈가 되고 있지만, 아직 현실화는 되지 않고 있습니다. 사립대학교의 등록금만 1년에 천만 원 정도 생각하셔야 하며, 더욱 문제인 것은 대학등록금 상승률은 7~8% 정도로 물가상승률의 두 배에 가깝다는 점입니다. 즉, 지금 5천만 원으로 10년 후에 대학등록금을 내기 위해서는 적어도 대학등록금 상승률만큼의 수익을 내야 한다는 것이죠."

"아, 그렇겠군요. 대학을 보내려면 등록금만 필요한 게 아닐 테니, 5천만 원으로는 빠듯하겠습니다."

"네! 그런데 은행 정기예금은 4%대에 불과하기 때문에, 이 정기예금의 수익률을 높일 필요가 있습니다. 10년을 내다보고 장기투자를 한다면 주식투자가 그렇게 위험한 것도 아니거든요."

"저는 주식투자를 해본 적이 없고, 주변에서 원금손실을 입은 경우를 많이 봐서 그냥 주식은 하지 않아야겠다는 생각이 들더라고요. 증권회사도 이번에 재무설계가 아니었으면 와볼 일도 없었을지 모릅니다."

"맞습니다. 많은 분들이 주식투자를 하고 계시지만 개인이 직접 투자로 수익을 내는 것이 쉬운 일은 아닙니다. 수익률에 대한 욕심을 버리고 위험관리를 하는 것이 중요하며 전문가에게 문의하시는 것이 좋습니다. 차장님은 투자경험도 없으시고 약간 보수적인 투자성향인 것 같으니 5천만 원 중 30% 정도만 10~15%의 수익률을 목표로 주식에 투자하실 것을 권유드립니다. 차장님의 경우는 직접 종목을 고르는 것보다는 간접투자인 펀드를 하시는 편이 좋을 것 같네요. 나머지는 4%대의 정기예금에 넣어두시더라도 전체수익률은 6%를 넘을 수 있을 것입니다. 하지만 이것은 차장님의 선택에 달려 있습니다. 수익률을 높이기 위해서 투자했다가 원금손실을 보고 속앓이를 하느니 투자를 안 하는 것이 나으니까요."

"네, 그럴 것 같습니다. 워낙 주변에서 투자 실패사례를 많이 접했더니 두려움이 크긴 합니다."

"이해합니다. 그래도 정기적금 50만 원은 적립식 펀드를 가입하시기를 권유드립니다. 기간을 3년 이상으로 할 경우에는 대부분 은행예금보다는 수익률이 높게 나옵니다. 2008년 금융위기처럼 급락장이 온다고 해도 시간이 지나면 시장은 복구되게 마련이니까요. 아직 젊으시고 자금에 여유가 있으니, 보수적 투자자라 할지라도 위험한 것은 아닙니다."

"적립식 펀드는 안전한 것인가요?"

"적립식도 안전하지는 않죠. 적립식도 펀드이니만큼 시장상황에 따라 수익률이 달라집니다. 하지만 매월 일정금액을 주식을 매입하게 되니 자연스럽게 평균단가가 낮아지므로 상대적으로 안전합니다. 게다가 3년 이상으로 기간을 늘리게 될 경우 더욱 그렇고요."

"그러면 적립식 펀드는 제가 공부를 좀 해보아야겠습니다. 정기 적금 만기 때 고민해볼 부분이겠네요."

고객의 신중한 자세를 보니 이 고객은 이미 현명한 부자라는 생각이 들었다. 더 이야기하는 것은 잔소리가 될 것 같아 이만 상담을 끝낼까 하다 마지막으로 부탁을 드렸다.

"그리고 마지막으로, 고객님들께 이런 말씀을 드리면 이해는 하시는데 실천을 잘 못하시는 부분이긴 합니다만, 자녀교육비에 관한 문제입니다. 초등학교 1학년 교육비로 한 달에 55만 원은 좀 과하다고 생각됩니다. 절반 이하로 줄이시고 남은 부분을 퇴직 후 자금으로 저축해두시는 게 어떨까요?"

"그렇죠. 저도 아들이 건강하게만 자랐으면 좋겠는데, 와이프가 욕심이 좀 많은 것 같아요. 아이도 힘들어하는 것 같고요. 이 문제는 잘 상의해보겠습니다."

"재무설계에서 가장 중요한 것은 설계를 하는 것이 아니라 주기적으로 모니터링을 해주는 것입니다. 재무설계 리포트는 이메일로도 송부해드리겠습니다. 이차장님을 뵙게 되어 저도 많은 공부가 되었습니다. 감사합니다."

리포트를 건네며 마지막 인사를 나누었다.

"아닙니다. 저도 이제야 체계적으로 관리를 하게 되는 것 같아 안심이 되는군요. 리포트를 잘 읽어보고 아내와 상의해보겠습니다. 구

● **그림 10 이차장님의 재무설계 제안 요약** ●

- 은행 정기예금 5천만 원 중 30% 정도는 투자상품으로 리밸런싱
- 정기적금 50만 원은 적립식 펀드로 변경
- 월 지출 중 교육비 절감하여 연금상품 추가가입
- 1억 5천만 원 추가대출을 받아 이사를 하는 것은 보수적으로 접근

체적으로 상품을 선택할 때 다시 연락드리겠습니다. 그때도 많은 도움 부탁드립니다."

"그럼 다음에 뵙겠습니다."

오늘의 재무설계 포인트

이 고객은 자산 건전성이 아주 좋은 경우에 해당한다. 빚도 없고 자가도 소유하고 있어 전세난에도 안정적인 생활이 가능하였다. 월급이 높은 편인데도 수입 이상의 지출은 하지 않는 건전한 소비습관이 몸에 배어 있었기 때문이라고 생각된다.

그런데 대부분의 가정에서는 주택담보대출이건 전세담보대출이건 어느 정도의 대출이 있게 마련이다. 물가상승률이 심상치 않은

요즈음 한 달 생활비로도 빠듯한 월급에 이자부담까지 생기게 되었으니 퇴직 후 생활을 생각할 틈이 없는 것도 사실이다.

자신이 위의 사례처럼 준비된 것이 없다고 좌절할 필요는 없다. 우선 가정의 현금흐름부터 꼼꼼히 살펴보는 것이 중요하다. 그리고 직장인이라면 개인연금부터 시작해보자. 재무설계를 한다고 해서 당장 자금문제가 해결되는 것은 아니다. 우선 가장 큰 문제라고 생각되는 것부터 하나씩 풀어나가보자. 이자부담이 너무 크다면 대출설계부터 시작하고 돈을 어디에 쓰는지 파악이 안 된다면 현금흐름표 작성부터 하는 것이 좋다.

위 사례에서는 언급하지 않았지만 보험의 경우에도 리모델링을 통해 보장수준은 비슷하게 유지하면서 보험금을 줄일 수 있는 방법이 있다.

보험은 월 소득의 5% 이내에서 하는 것이 바람직하다. 종신보험의 경우 정기보험으로 갈아탄다면 보험금이 1/3 수준으로 줄어드는 효과를 볼 수 있다. 하지만 그럴 경우 특약을 꼼꼼히 따져보는 것이 바람직하다. 과거 보험에는 있었으나 지금은 없어진 특약들이 많기 때문이다. 상품을 해지하고 재가입하는 데 따르는 비용도 꼼꼼히 따져보자. 혼자서 하기 어렵다면 보험설계사 두세 명에게 문의를 해보면 된다.

현실을 직시하는 것이 문제해결의 첫걸음이라는 것을 우리는 모두 알고 있다. 힘든 일은 피하고 싶은 것이 사람의 마음이지만, 내년에도 같은 문제로 고민하고 싶지 않다면 지금부터 실천에 옮겨야 하지 않을까?

은퇴를 앞둔
어느 50대 가장의 고민

어느 날 아주 점잖은 목소리의 고객에게 전화를 받았다. 내가 예전에 분당에서 '행복한 은퇴생활'을 주제로 강의를 한 적이 있었는데, 그때 강의를 인상 깊게 들었다고 하시며 어렵게 말문을 트셨다. 50대 초반인 그 고객은 곧 정년인데 퇴직준비가 하나도 되어 있지 않다고 걱정하시며 상담을 요청해왔다. 퇴직설계가 전화 한 통으로 끝날 수 있는 문제는 아니기에 찾아뵙겠다고 했더니, 흔쾌히 수락하셨다.

그렇게 그 고객과의 만남이 시작되었다. 전국 방방곡곡을 다니며 강의를 해왔지만, 수강하신 분께 직접 전화를 받은 적은 처음이라서 설렘 반 뿌듯한 마음 반으로 그분을 만나러 갔다. 날씨는 벌써 여름이 되어가려는 듯 더웠지만, 봄바람을 쐴 수 있어서 마음이 한

결 가벼웠던 날로 기억한다.

첫 번째 상담
- 5월 10일

　전화 목소리나 태도에서 어느 정도 예상은 했었는데, 실제로 만난 고객은 상당히 온화하고 멋진 중년의 신사였다. 고객은 현재 중견기업에 임원으로 재직하고 있으며, 곧 퇴직을 할 것 같다고 말씀하였다. 이런저런 대화가 오간 후에 현재 자가가 있고, 자녀가 두 명 있는데 진로에 대한 고민이 깊다는 점을 짐작할 수 있었다. 다행히 고객은 퇴직설계에 대한 니즈 때문에 난처한 질문에도 흔쾌히 잘 대답해주어서 상담이 자연스럽게 이루어질 수 있었다. 이에 용기를 얻어 퇴직설계에서 가장 중요한 질문을 던졌다.
　"지금 한 달에 생활비가 얼마나 필요한지는 알고 계신가요?"
　"그런 건 와이프가 알아서 하기 때문에 잘은 모르겠네요."
　"그럼 한 달 월급은 얼마 정도신가요?"
　"천만 원은 넘을 텐데 세금도 나가고 하니 정확히 얼마가 통장에 찍히는지는 모르겠어요. 역시 아내가 알아서 하고 있습니다."
　퇴직설계에 필요한 디테일한 정보를 얻기 위해서는 고객의 부인을 만나야 할 것 같아 다른 질문을 던져 분위기를 바꿔보기로 했다.

"직장생활은 몇 년이나 하셨나요? 그리고 퇴직 후에 가장 하고 싶은 건 무엇인가요?"

"제가 직장생활을 처음 시작했을 때가 스물일곱이었으니 올해로 25년이 되는군요."

고객이 지난날을 회상하는 듯하여 잠시 이야기가 끊겼다가 이내 이어졌다.

"세월이 참 빠른 것 같네요. 제가 벌써 퇴임을 앞두고 있다니, 믿기질 않습니다. 아직 마음은 현장에서 뛰고 있는데 몸은 임원실에 앉아 있고, 결재도장 찍기에도 하루가 모자랄 지경이니 말이죠. 저는 사실 퇴직 이후의 삶에 대해 별로 깊게 생각해본 적이 없습니다. 늘 일에 쫓겼거든요. 물론, 업무적으로는 여러 차례의 성공이 있었지만 지금 생각해보니 좀 허무하네요. 애들과 가깝게 지내려고 해도 대화가 잘 안 되더라고요. 애들은 저희 엄마만 찾고…… 그럴 수밖에요, 전 늘 밖에서 지내왔는걸요!"

한국 경제가 이만큼 성장하게 된 것은 '한강의 기적' 덕분이라고 한다. 그 주역으로서 열심히 살아왔고 임원의 자리에까지 오른 고객에게 이런 말을 듣게 되니 참 씁쓸했다.

"지금까지 누구보다도 치열하게 살아오신 분이 아닙니까? 퇴직준비가 안 되어 있다고 해도 걱정하지 마세요. 이미 많은 것을 가지고 계십니다. 다만 눈치 채지 못했을 뿐이지요. 퇴직 후에 무엇을 할 것인지는 지금부터 생각해보시면 됩니다. 오늘은 한 가지만 부탁드리겠습니다. 오늘 퇴근 후에 아내분과 함께 퇴직 이후의 삶에 대해서 이야기를 나눠봐주십시오!"

고객은 잠시 머뭇거리더니 고개를 끄덕였다. 나는 고객이 동의한 거라 생각하고 "사실 부인과 대화를 나누는 것은 쉽지 않습니다. 그러니 제가 숙제를 내드리지요" 하며 아래의 시트를 내밀었다.

● 표 7 제2의 인생을 위한 니즈 파악(예시) ●

언제를 생각하면 행복하신가요?	• 첫째가 태어났을 때 • 처음 '아빠'라는 소리를 들었을 때 • 아내와 결혼 20주년 여행을 갔을 때
자신이 자랑스럽게 느껴진 순간을 기록해보세요	• 어려운 업무를 맡았는데 팀원들과 열심히 하여 잘해냈을 때 • 마라톤 완주를 했을 때 • 후배의 어려움을 나서서 해결하였을 때
남편 / 부인이 사랑스러울 때는?	• 병원에 입원하였는데 지극정성으로 간호해줄 때
내가 자신 있는 분야의 일은?	• 재무 / 인사관리

재무설계 상담에서는 가장 먼저 재무상태표나 현금흐름표를 작성하는 것이 일반적이다. 하지만 이 고객의 경우, 퇴직 이후의 삶에 대한 준비가 거의 되어 있지 않았기 때문에 제2의 인생에 대한 자신감을 가지는 것이 가장 시급했다.

두 번째 상담
- 5월 20일

고객과의 두 번째 만남은 정확히 열흘 뒤에 이루어졌다. 고객은 첫 번째 때보다는 훨씬 밝아진 얼굴로 나를 맞아주었다.

"지난번에 드렸던 시트는 작성해보셨나요?"

"그게 쉽진 않더라고요. 아내와 대화가 부족하지 않다고 생각했었는데, 갑자기 이야기를 꺼내기도 어색했어요. 게다가 반평생을 함께 살아온 아내였지만 아직도 모르는 게 많았더라고요. 그래도 이번을 계기로 속 깊은 대화를 나누게 되었고 행복한 기억을 나눌 수 있어서 참 좋았습니다."

짐작했지만 행복한 기억으로는 첫째가 태어났을 때, 처음 '아빠'라는 소리를 들었을 때 등 자녀에 관한 기억이 상당히 많이 차지하고 있었다.

"자제분은 두 명이시죠?"

"네, 큰딸은 대학생이고 둘째 딸은 고등학교 2학년입니다."

"딸 둘이면 200점 아버님이시군요."

작은 칭찬에도 고객은 무척 흐뭇해하였다.

"그런데 한창 돈이 많이 들어갈 때라 퇴직 이후가 걱정이긴 합니다. 요즘 등록금이 한두 푼도 아니고, 둘째도 대학을 보내야 할 텐데 말이죠. 지금은 회사에서 학자금 보조가 나오기 때문에 큰애 등록금이 크게 부담되지는 않지만, 둘째가 대학 다닐 즈음이면 퇴직을 할 것 같은데……. 혹여 제가 애들한테 짐이 될까 그것도 두렵습니다."

말씀을 들어보니, 둘째가 공부를 꽤 잘해 가능하면 유학을 보내고 싶다고 하였다. 당신 자신이 퇴직을 해서 둘째가 공부를 접기를 바라진 않는다는 고객의 말씀에서 부모님들의 자녀 사랑이 느껴져 마음이 찡했다.

앞선 사례에서도 살펴보았듯 자녀교육은 퇴직준비에 가장 큰 걸림돌이다. 이 고객의 경우에는 자녀의 유학까지 염두에 두고 있으니 퇴직자금은 뒷전이 될 가능성이 높았다. 하지만 아직 구체적인 플랜을 세우기 전이니 성급히 포기할 필요는 없지 않을까? 고객이 작성한 니즈 파악 시트를 보니 '재무관리'라는 단어가 눈에 띄었다.

"박상무님, 회사에서 CFO를 맡고 계신가 보네요?"

"네, 저희 회사는 조그마한 플라스틱 관련 제조업체입니다. 원래는 생산 쪽에서 일을 하다 보니 현장경험을 통해 돈이 나가고 들어오는 것에 자연스럽게 익숙해졌죠. 그래서 회계 쪽 공부를 틈틈이 해서 CFO의 자리에까지 오게 되었네요."

"아, 그러시면 상무님은 재무뿐만 아니라 인사나 회사 전반에 대한 지식과 경험이 상당히 풍부하실 것 같습니다. 말씀도 상당히 잘 하시는 편이니 퇴직 후에 강의를 하셔도 좋을 것 같은데요?"

"제가 그저 일만 하다 보니 남 앞에 나서서 이야기를 해본 적이 없는데, 강의는 뭐 아무나 하나요?"

고객은 자신 없는 표정을 보이며 약간 쑥스러워했다.

"아닙니다. 강의를 하는 것도 하나의 기술입니다. 상무님은 무엇이든 배우는 데는 주저하지 않으실 듯하니 잘하실 수 있을 것 같습니다. 강의에서 더욱 중요한 것은 콘텐츠 아닐까요? 후배들에게 경험과 지식을 전수해준다고 생각하시면 별로 어렵지 않으실 겁니다."

고객은 신중히 고민하는 표정이더니 이내 "아, 그럴 수도 있겠군요. 그쪽으로도 한번 생각해볼 수 있겠습니다. 저는 회사에서 퇴직하고 나면 집에서만 지내야 한다고 생각했었거든요"라며 긍정적인 답변을 하였다. 이 정도면 제2의 인생설계를 위한 발걸음을 훌륭히 내디딘 것이다.

"상무님, 이번에도 숙제를 하나 하셔야겠습니다. 첫 번째 숙제에 비해 조금 더 어려울 수도 있고 오히려 쉬울 수도 있습니다. 그리고 반드시 아내분과 함께 하시길 부탁드립니다."

이로써 두 번째 상담을 마쳤다.

고객에게 드린 두 번째 숙제는 재무상태표와 현금흐름표를 작성하는 일이었다. CFO인 고객에게는 그리 어려운 일은 아닐 거란 계산도 깔려 있었다. 또한 고객의 경우 무턱대고 재무목표를 설정하는 것이 오히려 막막한 작업일 수 있겠다 싶었기 때문에 재무목표

설정에 앞서 위의 두 가지를 작성해달라고 부탁드린 것이다.

세 번째 상담
- 6월 1일

유월의 첫날, 고객은 체크무늬 베레모와 아주 잘 어울리는 나비넥타이를 하고 나타나셨다.

"오늘 의상 콘셉트가 상당히 화가적이십니다."

나는 의상에 대한 이야기로 첫마디를 시작했다.

"오늘 저녁 아내와 오랜만에 외식을 합니다."

고객은 쑥스러운 듯 미소를 지어 보이더니 이내 환하게 웃었다. 두 손 꼭 잡고 탄천변을 거닐 노부부의 뒷모습을 생각하니 절로 미소가 지어졌다.

"재무상태표와 현금흐름표 작성이 쉽진 않으셨죠?"

"그렇더라고요. 하지만 작성하면서 정리가 되는 기분이 들어 오히려 뿌듯하더군요. 회사에선 제가 CFO이지만, 가정경제 분야에서는 아내가 CFO더라고요. 이번에 한 수 배웠습니다."

"긍정적으로 받아들여주시니 감사할 따름입니다."

"아닙니다. 사실 처음에는 아내와 말다툼도 있었어요. 회사에서 재무제표의 숫자가 틀렸을 때 부하직원을 나무라던 버릇이 나와버

려서 그만…… 아내에게 왜 이것도 관리하지 못하냐고 힐난 섞인 질책을 해버렸거든요. 하지만 잘 마무리되어서 지금은 아내도 저도 만족하고 있습니다."

"다행입니다. 두 분은 틀림없이 행복한 부부이신 것 같습니다. 그럼 숙제검사를 해볼까요?"

● 표 8 **박상무님 재무상태표(설계 전)** ●

자산		부채	
거주부동산	10억 원	아파트 전세	2억 5천만 원
집2	5억 원	아파트 담보대출	2억 원
예금	5천만 원	자동차할부금	1천만 원
펀드	1천만 원	마이너스 통장	2천만 원
합계	15억 6천만 원	합계	4억 8천만 원
순자산			10억 8천만 원

이번 고객은 예상대로 부동산의 비중이 높은 편이며 예금여유가 있지만 마이너스 통장 잔고가 좀 높은 편이었다. 그래도 이만하면 부채비중이 높은 것은 아니니 다행이라는 생각이 들었다. 자동차할부금이 적혀 있기에 "최근에 차를 장만하셨나 보네요?"라고 여쭈었더니, 본인이 업무용으로 사용하는 차 외에 아내도 차가 필요하여 얼마 전 구입하였다고 하셨다.

"아, 집을 두 채 갖고 계시군요?"

"네, 원래 살던 집의 담보대출을 갚고 나서 한 채를 더 구입했어요. 지금 전세를 내주고 있어요."

"혹시, 펀드투자 1천만 원은 어떤 펀드에 투자하고 계신가요?"

"몇 가지로 분산되어 있는 것 같은데 정확한 펀드명은 모르겠습니다. 자세한 내용은 아내가 알고 있으니 연락해보도록 하겠습니다."

고객은 당장 아내에게 문자메시지를 보냈다.

답장을 기다리면서 이번에는 현금흐름표를 살펴보았다.

월 소득에 여유가 있는 가정이었지만 저축과 투자비중이 예상보다 훨씬 적었다. 그리고 두 대의 자동차를 유지하는 비용과 교육비가 크게 눈에 띄었다. 하지만 다른 질문을 먼저 드렸다. 자녀교육이나 자동차는 개인적으로 어디에 가치를 두느냐에 따라 설득이 쉽지 않기 때문이다.

"경조사 등 기타생활비 100만 원은 뭔가요?"

"작은 회사지만 그래도 임원이다 보니 각종 경조사가 많더라고요. 그 비용과 저나 아내가 개인적으로 쓰는 돈입니다. 사실 이 부분이 100만 원이나 들었는지 이제야 알게 되었답니다. 대차를 맞추다 보니 어쩔 수 없는 부분도 있었고요"

역시 CFO의 면모가 보이는 부분이었다. 사실 상담을 하면서 현금흐름표의 대차를 꼭 맞춰오는 분을 만나는 일은 흔치 않기 때문이다.

● 표 9 박상무님의 현금 흐름표(설계 전) ●

소득		지출	
근로소득	천만 원	세금	
		소득세 / 주민세 등	130만 원
		건강보험료	28만 원
		국민연금	16만 원
		합계	**174만 원**
		생활비	
		아파트 관리비	34만 원
		식비	60만 원
		통신비	40만 원
		교통비(자동차할부 포함)	80만 원
		각종 공과금	20만 원
		의류비	30만 원
		교육비	100만 원
		의료비	20만 원
		경조사 등 기타 생활비	100만 원
		이자	92만 원
		합계	**576만 원**
		저축과 투자	
		개인연금	50만 원
		정기적금	100만 원
		보험	
		변액보험	50만 원
		종신보험	50만 원
합계	천만 원	합계	천만 원
		차액	**0원**

"고등학생인 둘째에게 매달 100만 원씩 별도 교육비가 들어가시는데, 부담스럽지 않으신가요?"

나는 어려운 질문의 운을 뗐다.

"유학을 생각하다 보니 영어교육에 돈이 많이 들더라고요. 학원비도 유학과 관련되어 있다고 하면 일단 20%는 비싸게 책정되고요."

"우선 상무님의 퇴직설계를 하기 전에 둘째 따님의 교육자금부터 이야기하는 것이 좋을 것 같습니다. 따님을 고등학교 남은 2년과, 국내대학교, 미국 유학까지 보내는 데 드는 비용이 약 2억 2천만 원이 넘는 것으로 계산되었습니다."

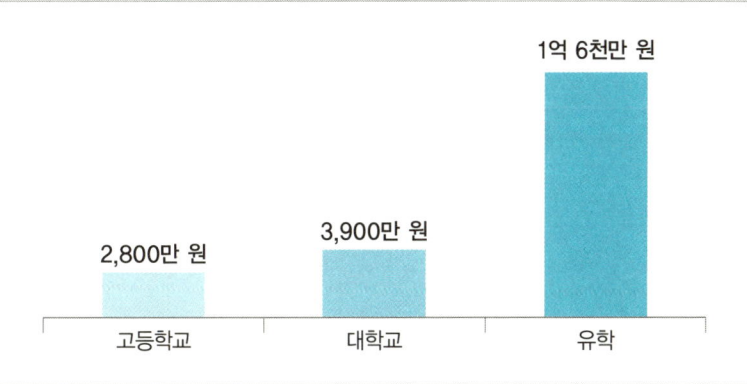

● 그림 11 **고등학교 2학년 자녀의 교육비** ●

"물론 지금 당장 유학비용 1억 6천만 원이 필요한 것은 아니지만, 6년이나 7년 후에는 이 정도의 자금이 필요하다는 것을 염두에 두고 계셔야 합니다. 게다가 대학교 비용 3,900만 원은 사립대학 등록금만 계산에 넣은 것입니다. 교재 구입비, 학원비, 용돈 등이 고려

되지 않은 금액이라는 점을 미리 말씀드립니다."

"유학비용 1억 6천만 원은 어떻게 계산된 건가요? 환율도 무시 못할 텐데요?"

"요즘의 환율로 계산하였습니다. 각 유학정보 사이트에서 제공하는 금액을 평균한 것이고요, 등록금 이외에 숙식비와 용돈으로 매월 180만 원 정도가 포함되어 있습니다. 환율변동이 걱정이시면 미리미리 준비하실 수 있습니다. 요즘에는 외화통장도 좋은 상품들이 많으니까요. 미리 달러로 자금을 마련해두면 그런 걱정은 덜 수 있습니다."

"아, 그렇군요. 2억 원이 넘는 돈이 들어가는군요."

"그래서, 어쩌면 지금 매월 100만 원씩 들어가는 학원비를 아껴서 유학자금에 보태는 것이 자녀를 위한 현명한 선택일 수 있습니다. 하지만 고등학교 2학년이면 한창 중요한 시기이니 이는 부모님과 자녀가 선택할 사항이라 생각됩니다. 그리고 따님들 시집보내긴 싫으시겠지만, 그 자금도 생각하셔야 합니다. 요즘 결혼은 많이

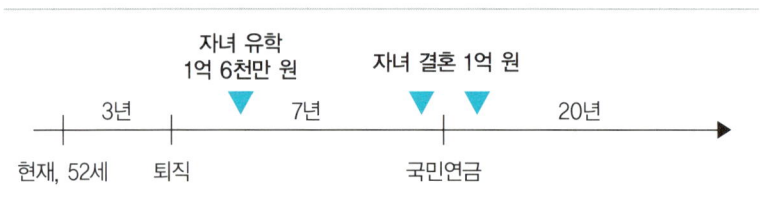

● 그림 12 **박상무님의 퇴직 수평선 1** ●

간소화되었다고 하지만 그래도 목돈이 들어가지 않겠습니까? 박상무님의 퇴직 수평선에서 중요한 이벤트를 체크해보면 그림 12가 됩니다."

고객은 그림 12를 들여다보았다.

"그러면 단순히 계산해서, 아까 재무상태표의 순자산 12억 8천만 원에서 둘째 교육비 2억 3천만 원, 따님 두 분 결혼자금 1억 원을 제하면 9억 5천만 원을 퇴직 준비자금으로 사용해야 한다는 것이겠죠? 그럼 과연 퇴직에 필요한 자금이 얼마나 될지 예상을 해보았습니다."

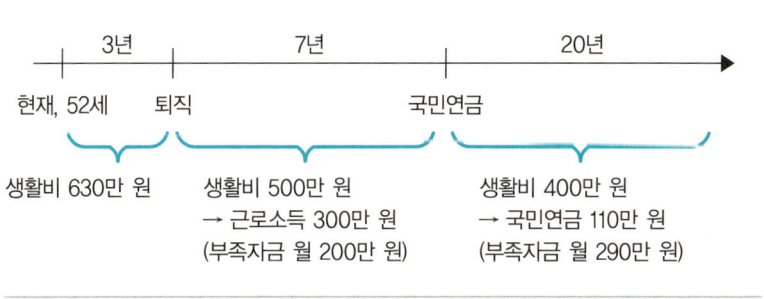

● 그림 13 박상무님의 퇴직 수평선 2 ●

"상무님은 퇴직 이후 제2의 직업을 통해 매월 300만 원은 버실 수 있을 것 같습니다. 물론, 지금의 소득에 비해 너무 작다고 생각하시겠지만, 퇴직하신 분들의 이야기를 들어보면 돈과는 관계없이 직업이 주는 소중함이 절실하다고 하시더라고요."

"안 그래도 제가 할 수 있는 일을 찾아보려고 합니다. 300만 원이라도 벌 수 있다면 행복할 것 같네요."

고객은 약간 자신 없어하는 표정이었다.

"국민연금을 받기 전까지는 생활비를 500만 원, 그 이후에는 400만 원 정도로 예상한다면 퇴직 후 27년간 필요한 금액은 근로소득이나 국민연금을 제하고도 8억 6,400만 원이 됩니다."

"네? 그렇게나 많이 듭니까? 제가 퇴직 후에 돈을 못 벌게 되면 그 금액은 당연히 올라가겠군요?"

고객은 한숨을 내쉬며 물었다.

"물론 그렇습니다. 하지만 지금도 늦지 않았으니 차근차근 준비해나가면 됩니다. 게다가 상무님이 가입하고 계신 퇴직연금과 개인연금이 계산된 것은 아닙니다. 혹시, 퇴직금 중간정산을 받으신 적이 있는지요?"

"3년 전인가? 정확히 기억은 나질 않습니다. 그때 목돈이 생겨서 담보대출의 일부를 갚았었거든요. 개인연금이나 변액보험도 가입한 지 오래된 것은 아닐 겁니다."

"그럴 겁니다. 변액보험 가입이 대중화된 것이 불과 5, 6년 전이고 개인연금도 마찬가지거든요. 상무님의 경우에는 아쉽게도 퇴직연금이나 개인연금으로는 부족한 자금 커버가 안 될 것 같네요. 그렇다고 지금 매월 적립하는 연금상품을 가입하기에는 퇴직 이후에 월 납입금이 부담스러울 수 있고요. 그래서 자산을 퇴직 이후의 삶에 맞도록 변경해나가는 것이 중요할 것입니다."

"돌아보니 제가 가진 게 부동산밖에 없더라고요. 그럼 어쩌면 좋을까요?"

"너무 걱정 마세요. 다음 번 상담 때 자산 리밸런싱을 말씀드리도록 하겠습니다. 혹시 어떤 펀드에 투자하고 있는지 사모님께 답장이 있었나요?"

고객은 핸드폰을 확인하더니 대답했다.

"아, 아직 답신이 없군요. 아내도 잘 모르나 봅니다. 제가 나중에 문자로 보내드리겠습니다."

"네, 알았습니다. 오늘의 복잡한 일은 잊으시고 사모님과 데이트 잘하시길 바랍니다."

이로서 세 번째 상담을 끝냈다.

네 번째 상담
- 6월 9일

고객의 경우 부동산 비중이 너무 높은데다 일정한 현금흐름을 창출할 수 없기 때문에, 가장 좋은 대안은 역모기지론(주택을 담보로 금융기관에서 일정 기간 일정 금액을 연금식으로 지급받는 장기주택저당대출)을 활용하는 것이었다. 하지만 고객이 집에 대한 애착이 많을 경우에는 선택할 수 없을 뿐만 아니라 집이 9억 원 이상이므로 불가능한 방법이었다. 집 두 채 중 한 채를 팔아 대출을 상환하여 매월 이자부담을 줄이는 것이 가장 시급했고, 대안투자 위주의 펀드도 리밸런싱이 꼭 필요한 부분이었다. 게다가 자녀의 유학자금 마련을 위해서는 부동산 위주의 자산을 금융자산으로 바꾸어야만 했다. 상황별로 여러 가지 시나리오를 구상하고 고객과 네 번째 상담을 시작하였다.

"그동안 얼굴이 더 좋아지신 것 같습니다."

그러자 고객이 함박웃음을 지으며 대답했다.

"오늘 우리 회사가 중요한 오더를 따냈거든요."

"와, 축하드립니다. 아마 오늘 제가 말씀드릴 자산 리밸런싱 대안을 보시면, 여러 가지 복잡한 돈 문제도 해결될 테니 겹경사가 아닐까요?"

나는 자신 있게 말씀은 드렸지만 나의 제안을 마음에 들어 하지 않으면 어쩌나, 마음이 조마조마했다.

"지금 거주하는 집이 40평형대이신가요? 둘째 유학 가고 첫째는 시집가고 하면 너무 넓지 않을까요?"

나는 조심스럽게 여쭤보았다.

"안 그래도 그 문제에 대해서 아내랑 이야기를 해보았습니다. 작은 집으로 이사하는 게 썩 내키지는 않지만, 저희가 가진 게 없으니 어쩔 수 없다는 생각이 들었습니다."

너무나 흔쾌히 답을 해주셔서 앞선 걱정들이 부질없게 느껴졌다.

"그러면, 당장은 둘째가 학교를 다니고 있으니 이사 시점은 이후로 미뤄두시는 게 좋을 것 같습니다. 시가 5억 원짜리 집을 팔아 부채를 갚고 나면 매월 150만 원 정도의 여유자금이 생길 것입니다. 그걸 둘째 대입 시까지 2년간 모으면 대학등록금이 해결될 것입니다. 부동산을 팔면 재산이 줄어드는 것 같다고 말씀하시는 고객들도 계십니다. 이해가 안 되는 것은 아닙니다만, 따님 등록금을 미리 마련해둔다 생각하시면 괜찮을 것입니다."

"제가 갑자기 퇴직을 하게 되면 어떨까 생각을 해보았습니다. 그랬더니 매월 생활비가 상당히 부담스럽더라고요. 이자비용을 줄여서 딸 등록금을 마련한다고 생각하니 기분이 좋아집니다."

역시 긍정적인 대답을 들을 수 있었다.

"그리고 상무님, 지난번 보내주신 펀드내역을 보니 금이나 에너지 등 대안펀드 위주로 되어 있더라고요. 그런 펀드들은 주식형 펀드보다 위험이 더욱 큽니다. 따라서 그 비중을 줄이는 것이 좋겠습니다."

고객은 고개를 끄덕였다. 나는 계속 설명을 이어나갔다.

"전세를 주고 있는 집을 팔고 남는 자금 2천만 원과 예금, 펀드 합치면 총 8천만 원입니다. 이를 예금에는 6천만 원, 국내 인덱스펀드에 2천만 원으로 리밸런싱을 권유드립니다. 펀드비중이 늘어났다고 부담스러우실 텐데요, 금융자산 8천만 원 중 2천만 원, 즉 25% 주식비중은 박상무님의 재산이나 성향에서 크게 공격적인 정도는 아닐 것입니다."

"네. 잘 알았습니다."

"그러면 박상무님의 재산은 부동산 10억 원, 예금 6천만 원, 주식형 펀드 2천만 원이 남습니다."

나는 고객에게 재산상태표를 보여드렸다.

"상당히 명확하고 좋군요."

고객이 웃음을 지었다.

● 표 10 박상무님의 재산상태표(설계 후) ●

자산		부채	
거주부동산	10억 원	~~아파트 전세~~	~~2억 5천만 원~~
~~집2~~	~~5억 원~~	~~아파트 담보대출~~	~~2억 원~~
예금	6천만 원	~~자동차할부금~~	~~1천만 원~~
(펀드 환매 후 1천만 원 추가)		~~마이너스 통장~~	~~2천만 원~~
주식형 펀드	2천만 원		
(주택처분 후 남은 자금)			
~~펀드~~	~~1천만 원~~		
~~금펀드~~	~~500만 원~~		
~~자원펀드~~	~~500만 원~~		
합계	10억 8천만 원	합계	0원

"지금 불입하고 있는 적금까지 더하면 1억 원 정도 확보하게 되시는데요, 딸들이 갑자기 결혼을 한다거나 할 때 사용하시면 될 것 같습니다. 제가 제안 드린 포트폴리오로 1년 수익률 6%선이라면 이자로 한 달에 50만 원은 받으실 수 있지 않겠습니까? 당장은 금융자산이 부족하기 때문에 이 자금을 즉시연금이나 월 적립식 상품에 넣어두진 마시고요."

고객은 고개를 끄덕였다.

"하나 주의하실 사항은, 제가 지금 드린 안은 단기적인 실행안이라는 것입니다. 퇴직이나 둘째 교육비를 위해서는 앞으로 5년 안에 집을 중소형 평수로 옮겨서 현금을 확보하셔야 하는 일이 남아 있습니다. 이렇게 하는 데에는 위험이 한 가지 있는데요, 만약 부동산시장이 폭락할 경우 둘째의 유학자금 마련에 어려움을 겪을 수 있습니다."

"정말 그렇겠는데요?"

고객은 걱정스러운 말투로 대답했다.

"하지만 지금 당장 부동산시장의 하락에 대비할 수 있는 효과적인 상품이 없습니다. 게다가 지금의 집은 9억 원 이상이어서 역모기지론을 받을 수도 없거든요. 그리고 부동산시장의 큰 폭락을 예상하는 전문가는 거의 없습니다. 물가상승률이 오르는 시점에는 실물자산의 가치가 올라가게 되어 있기 때문에 폭락의 위험은 줄어든다고도 볼 수 있고요."

"지금 당장 가족들을 설득해서 이사하고, 자금을 확보해야만 할 것 같은데요?"

고객은 더욱 걱정스러워하는 표정이 되었다.

"일단은, 제가 말씀드린 자산설계안을 실행하시는 것이 중요합니다. 아무래도 이사를 하면 둘째 공부에 방해가 될 수도 있지 않을까요? 그렇게 성급하게 결정하지 않으셔도 됩니다. 최근 부동산시장은 과거의 경우처럼 폭락이나 급등이 연출되기가 쉽지 않기 때문입니다. 이렇게 투자에는 늘 위험이 따르게 마련입니다. 슬기롭게 잘 관리하는 것이 중요할 테고요."

"네, 잘 알았습니다."

"작은 집으로 옮기고 나면 역모기지론도 가능할 것입니다. 역모기지론은 해당 집을 담보로 부부의 종신까지 연금을 수령할 수 있

● 표 11 박상무님의 재무목표 ●

재무목표	우선순위	금액	시기	비고
둘째 딸 교육비	1	2억 3천만 원	6년	• 2년 뒤 대학 입학 • 4년 등록금 3,900만 원 예상
퇴직자금 마련	2	8억 6천만 원	2년 후	• 매월 현금흐름 100만 원 창출
자녀 결혼자금	3	1억 원	10년 후	• 금액·시기 유동적 • 유동성 자금 확보

는 상품이기 때문에 최근 노후준비가 안 되어 있는 사람들에게 인기입니다. 작은 평형으로 갈아타면서 생긴 목돈은 즉시연금상품이나 월지급식 상품들이 많이 있기 때문에 이것을 활용하면 부족금액을 벌충할 수 있을 것입니다."

"네, 그렇겠군요."

"그리고 마지막으로 제2의 인생에 대한 설계를 잊지 마시기 바랍니다. 우선 본인이 어떤 일을 하고 싶은지부터 고민을 해보시길 바랍니다. 그런 준비 없이 퇴직을 맞게 되면 하루 종일 무엇을 해야 할지 모르는 채 지내면서 마음의 병이 생기는 경우가 흔하거든요. 상무님의 경우에는 전문적인 지식도 있으시고, 조직관리에도 능하시니 분명 이를 살릴 기회가 있을 겁니다. 제가 아는 어떤 사장님은 최근에 농장을 하나 꾸미고 계시고요, 어떤 분은 그림을 배우고 계십니다."

"저도 이번 기회를 통해 제 삶을 돌아보고 인생 2막을 준비하는 계기가 되어서 좋았습니다. 제가 무엇을 할지는 찬찬히 고민해보도록 하겠습니다. 감사합니다."

오늘의 재무설계 포인트

|

이 고객의 경우에는 자산이 부족하진 않았지만 부동산 위주로 구성되어 있고, 자녀의 유학비용을 재무목표의 우선순위 제1위로 두었기 때문에 리밸런싱이 시급했다.

이처럼 '퇴직하고 나니 남은 것은 집 한 채뿐'이라고 생각이 드는 분이라면 역모기지론을 고려해보는 것도 상당히 도움이 될 것이다. 자식에게 물려줄 재산이 하나도 없지 않겠느냐 한탄할 필요는 없다. 50대는 '낀 세대'로 당신들은 부모를 부양하며 자식을 키워왔건만, 막상 그 자식들은 부모를 부양할 능력이 부족한 세대이기 때문이다.

간혹 자신의 집을 팔고 전세로 집을 구하고 남은 자금을 노후자금으로 사용하려는 분도 있다. 이럴 경우, 전셋값이 지금처럼 폭등할 경우 대안이 없다는 큰 위험이 있다. 게다가 역모기지론을 이용할 경우에는 주택의 100%를 담보로 하나, 이 경우에는 매매가와 전세가의 차액만으로 자금운용이 가능하다. 결국, 매월 받는 금액은 절반수준일 것이다.

TIP

최고의 자산관리는
자기계발

　자산관리를 하다 보면 빠듯한 살림살이에 쫓겨 스스로의 몸값을 올리는 데 투자하는 것에 소홀하기 쉽다. 하지만 최고의 은퇴설계는 은퇴를 하지 않는 것이며 최고의 자산은 자기 자신이다. 수익률을 1% 더 올리는 상품을 찾는 것보다 자신의 몸값을 한 계단 올리려는 노력을 하는 편이 훨씬 낫다.

　여기에는 두 가지 이유가 있다. 첫 번째는 투자수익률은 아무리 노력한다고 해도 그 노력의 결과가 항상 플러스로 작용하지 않는 데 반해, 자기계발의 경우 노력은 늘 좋은 결과로 나타나기 때문이다.

　두 번째 이유는 다음 그림을 보면 한눈에 알 수 있다. 만약 연봉이 똑같이 5천만 원인 이차장과 민차장이 있다고 해보자. 이차장은 자기계발보다는 투자수익에 관심이 더 많은 타입이고, 민차장은 자기계발을 게을리하지 않는다. 그래서 민차장은 이차장보다 연봉 인상률이 3% 정도 높다.

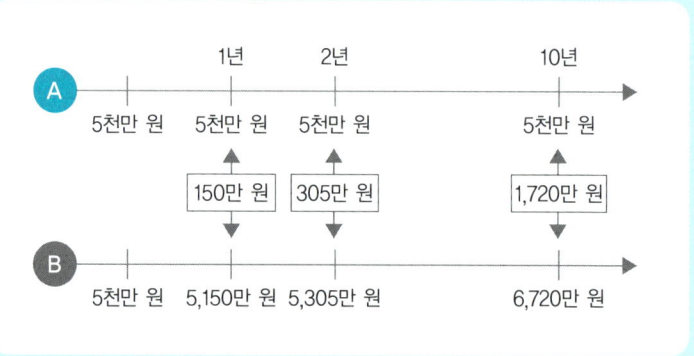

1년차에는 이 두 사람의 연봉은 150만 원밖에 차이가 나지 않는다. 이차장은 '150만 원이면 주식으로 금방 벌 수 있는 돈'이라고 생각하며 별것 아니라 여겼다.

그러나 시간이 흐를수록 이 차이는 점점 커진다. 10년 뒤 두 사람의 연봉 차이는 1,720만 원으로, 투자수익으로 이 정도를 거두려면 상당히 많은 투자자금이 필요할 것이다.

물론, 이차장의 경우 매년 안정적인 투자수익을 올렸을 수 있다. 하지만, 투자수익률은 그저 숫자에 불과하다. 주식에 100만 원을 투자하여 100% 수익을 올렸다 한들 수익은 100만 원이다. 연봉 인상률 차이가 3%라고 무시하면 안 될 것이다.

자기 자신을 위해 월급의 5%는 투자하기를 바란다. 열심히 독서를 하거나 영어 공부를 하고 새로운 자격증에 도전해보는 것도 좋다. 자기계발이 반드시 공부만을 의미하지는 않는다. 꾸준히 운동하고 자기관리를 하는 것도 자기에게 투자하는 것이다.

소극적인 투자자는 돈을 투자하고, 적극적인 투자자는 시간을 투자한다. 자신의 미래를 위해 지금 가진 시간을 아끼지 않는다면 최고의 수익률을 올릴 수 있을 것이다.

Chapter 03

오래 사는 시대, 재무설계가 답이다

- 퇴직설계는 재무설계부터 시작하라
- 재무설계의 꽃, 자산배분
- 자산배분의 원칙

퇴직설계는
재무설계부터 시작하라

　　재무설계 서비스는 2장의 사례에서 소개된 것처럼 진행된다. 물론, 그보다 더 자세하고 정밀한 대화가 이루어지는 것이 보통이다. 은행, 증권회사, 보험사 등 각 금융권에서는 프라이빗 뱅킹(private banking), 웰스 매니지먼트(wealth management) 등 다양한 이름으로 재무설계 서비스를 제공하고 있다. 그러나 한국에서는 아직 대중화되지는 못했다.

　　'재무설계'라는 단어만 놓고 보면 상당히 복잡하게 느껴진다. 이것은 중고등학교 시절 느꼈던 수학에 대한 막연한 두려움의 연장선상인지도 모른다. '한 달에 얼마를 퇴직자금으로 모으면 10년 후에 얼마가 된다'라거나, '퇴직을 위해서는 Y원이 필요한데 그 돈의 현재가치는 X원이며……' 이런 것을 계산한다고 생각하는 순간 머릿

속이 텅 빈 것처럼 느껴진다.

하지만, 이런 계산은 재무설계에서 그리 중요한 것이 아니다. 재무설계는 단지 '계획을 세우는 것' 일 뿐이기 때문이다. 게다가 계산의 밑바닥에는 '10년 동안 변함없이 X%의 수익률을 올리며, 물가상승률은 언제나 Y%' 등 수많은 비현실적인 가정이 깔려 있다. 10년이면 강산이 변하는 시간이다. 게다가 글로벌 금융환경은 하루하루 다르게 움직이는데 어떻게 10년 동안 똑같은 수익률을 올리며, 물가상승률도 똑같다고 가정할 수 있을까?

미래를 내다보는 일은 사람에게 애당초 불가능한 일이나 마찬가지다. 그렇기 때문에 재무설계 전문가를 만나서 설계를 한다고 더 정확한 것도 아니고, 정확하게 계산한다고 한들 실천하지 않으면 무용지물이 되어버리는 것이 재무설계이다.

앞의 사례에서 보았다시피, 재무설계의 첫 단계는 고객의 니즈를 정확하게 파악하는 것이다. 하지만, 재무설계 전문가라 할지라도 고객이 이야기하지 않는 혹은 숨기고 싶어 하는 정보를 알아내는 것은 쉽지 않다. 이런 이유로 재무설계는 자기 자신이 하는 것이 가장 정확할 수 있다.

재무설계는 옷을 고르는 일과 비슷하다. 본인의 체형을 가장 잘 알고 단점을 커버하고 장점을 부각하는 옷은 자기 자신이 제일 잘 알 수 있다. 하지만 쇼핑을 싫어하거나 어떤 것이 자신에게 어울리는지 잘 모르는 사람들도 있다. 그런 사람들은 주변에서 잘 어울린다고 권해주는 옷을 입는 것이 나을 수도 있지 않겠는가? 재무설계든 쇼핑이든, 잘 할 수 있으면 스스로 하고 그게 아니라면 전문가에게 맡기자.

자산관리는 부자들의 전유물?

자산관리가 부자들에만 필요한 것이라는 통념이 있다.

"관리할 자산이 없으니 자산관리든 재무설계든 불필요한 거 아냐?"

그러나 재무설계는 돈 걱정이 없는 자산가보다는 돈 걱정에서 벗어나기 쉽지 않은 일반 사람들에게 더욱 필요하다고 본다. 그리고 건강하든 건강하지 않든 건강관리가 누구에게나 필요한 것처럼 재무설계도 돈이 많거나 적음에 상관없이 어느 누구에게나 필요하다.

그런데 막상 재무설계를 받아보려고 하면 금융회사에서 아직은 HNWI(High Net Worth Individual), 즉 초거액자산가를 위한 수준에 머물러 있는 것이 현실이라 보통의 직장인에게는 문턱이 높은 것이 사실이다. 재무설계를 받고는 싶지만 막상 전문가를 찾아가기가 꺼려진다면, 인터넷을 활용하여 스스로 해보는 것은 어떨까?

DIY(Do-It-Yourself)를 좋아하는 사람들이 점점 늘어나고 있다. 손수 가구를 만들고 페인트를 칠하고 옷을 지어 입고 차를 손본다. 물론, 가구점에서 가구를 살 수도 있고 인테리어 전문가에게 의뢰할 수도 있다. 하지만 DIY를 하는 이유는 내가 직접 만들었다는 뿌듯함을 느낄 수 있기 때문이다. 비록 만든 가구의 아귀가 맞지 않거나 페인트칠이 얼룩졌다 하더라도 나의 손길이 깃들어 있기에 세상 어느 것과도 바꿀 수 없다는 마음을 느끼게 한다.

전문가 못지않은 실력과 톡톡 튀는 아이디어로 본인의 집에 어울리는 인테리어를 멋지게 해내는 DIY의 고수들도 즐비하다. 그들도 처음부터 고수는 아니었을 터, DIY의 과정이 즐거워서 하나하나 하다 보니 어느새 전문가가 된 것이다.

평소 일 처리가 꼼꼼하다는 평을 듣는다거나, 계획을 수립하고 실천하는 편이라면 재무설계 DIY에 도전해볼 만하다.

자신만의 재무목표 우선순위를 설정하라

'목표'란 개인이나 조직이 일정한 방향으로 에너지를 쏟고자 하는 행동적 의도이다. 목표가 의미 있고 구체적일수록 목표를 달성하려는 동기는 더욱 커진다.

결국 목표를 잘못 설정한다면 열심히 산을 올랐건만 '이 산이 아닌가?' 라는 황당한 상황이 연출될 수 있는 것이다. 목표를 잘 설정했더라도 피드백을 통해 내가 초기에 설정한 방향대로 잘 움직이고 있는지를 점검하는 것도 상당히 중요하다.

등산을 하면서도 여러 개의 갈림길을 만난다. 그때마다 방향을 체크하는 것도 정상으로 잘 가고 있는지를 점검하는 것과 마찬가지다. 재무목표를 설정할 때는 아래의 사항을 명심하며 설정하는 것이 중요하다.

- 바람직한 목표란 '구체성'을 지녀야 한다. 막연히 '열심히 살겠다' 라는 것만으로는 부족하다.
- '측정 가능성'을 지녀야 한다. 계량화된 목표(목표 자금 등)가 중요하다.
- 구체적인 '기간'을 명시한 것이라야 한다.
- 어렵기는 하나 현실성이 있고 '달성 가능'한 것이라야 한다.
- 도전적인 목표를 설정할수록 달성도는 높아진다.
- 가족과 함께 목표를 설정하고 공감과 동참을 이끌어내는 것이 중요하다.

재무설계
DIY

|

사실 살면서 가장 쉬운 고민이 '돈 걱정'이라고들 한다. 다양한 고객들과 이야기를 나눠봐도 처음에는 돈 걱정을 하지만 자녀 고민, 건강 고민 등을 나누다 보면 결국 돈 걱정이 가장 쉽다는 데 동의한다. 세상은 분명히 돈이 전부가 아니기 때문이다.

재무목표에 앞서 필요한 것은 가정과 나 자신의 삶의 목표를 설정하는 것이다. 성공한 사람들의 공통된 특징은 바로 명확한 인생의 목표가 있었다는 점 아닐까?

터미네이터로 유명한 배우 아놀드 슈워제네거의 고향은 미국이 아니라 오스트리아다. 가난한 이민자의 아들로 미국땅을 밟은 아놀드는 어렸을 때부터 세 가지의 꿈을 책상에 적어두었다고 한다.

"나는 영화배우가 될 것이다. 나는 케네디 가의 여성과 결혼할 것이다. 나는 주지사가 될 것이다."

가난한 이민자의 아들이었지만 그는 결국 세계적인 영화배우가 되었고, 케네디 가의 여성과 결혼하였으며, 캘리포니아 주지사에 당선되었다. 이처럼 목표를 정한다는 것, 그리고 그것을 기록하는 것은 한 사람의 인생을 좌지우지할 수 있는 큰 원동력이 된다.

아침 일찍 복잡한 지하철에 몸을 싣고 출근을 해서 밤늦게까지 야근을 하고 돌아오는 삶에서는 꿈을 생각하는 것이 사치처럼 느껴질

지도 모른다. 그럼에도 불구하고 인생의 목표가 있고 없음의 차이는 크다.

초등학교 2학년인 조카에게 "네 꿈이 뭐니?"라고 물어보면 대답하지 못하다가도 "학교에서 어떤 과목이 좋아?"라고 물어보면 "체육이요!"라는 대답에 친구들과 축구하는 것이 재미있다는 말까지 덧붙이며 즐거워한다.

마찬가지로, 하프타임 빌더가 되기 위해서는 스스로 많은 질문을 해보아야 한다. "당신 인생의 비전이 무엇입니까?"라는 질문은 막막하게만 다가온다. 그에 앞서 조금 더 구체적인 질문을 하면 비전 수립에 도움이 된다. 재무설계 DIY 편에서는 다음의 세 가지 절차를 밟아나가기를 권유한다.

● **그림 14** 재무설계 DIY 프로세스 ●

일반적인 재무설계는 위의 3단계 이후에 재무설계안의 실행과 모니터링 절차가 있다. 물론 재무설계안이 한번에 도출되는 경우는 거의 없다. 재무설계안을 수립하는 가운데서도 재무목표의 우선순위가 바뀌는 일은 드물지 않기 때문이다. 따라서 스스로 재무설계를 해보기로 마음먹었다면 5단계 중 3단계만 해보는 것으로도 충분하다.

비전 수립

가장 편한 시간에 가장 편한 장소에서 다음을 생각해보기 바란다. 직접 종이에 쓰는 것이 무엇보다 중요하다. 재무설계는 궁극적으로는 인생의 비전 달성을 위한 보조수단일 뿐이기 때문이다.

- 행복한 기억은 무엇이 있나요?
- 자신이 자랑스럽게 느껴졌을 때는 언제였나요?
- 남편 / 부인이 사랑스러울 때는 언제인가요?
- 자신 있는 분야의 일은 무엇인가요?
- 본인의 역할(남편 / 부인, 아빠 / 엄마, 사회적 위치)별로 어떤 사람이 되고 싶나요?
  ex) 자상한 아빠, 섬세한 남편, 후배를 잘 챙기는 상사 등
- 인생에서 중요하게 여기는 가치는 무엇인가요?
- 돈이 문제가 안 된다면, 제일 하고 싶은 것, 가지고 싶은 것은 무엇인가요?

비전 수립도 어렵고 위의 질문도 어렵게만 느껴진다면 아래의 질문에 예 / 아니오 답을 해보자.

- 계절의 변화나 날씨의 변화를 느끼고 삽니까?
- 콧노래를 부릅니까?
- 동물과 교감을 합니까?
- 다른 사람에게 유머 감각이 있다는 이야기를 듣습니까?

이 질문에 모두 "예"라고 대답했다면 분명 여유 있는 삶을 살고 있을 것이다. 만약 모두 "아니오"라면 감사하는 마음으로 주변을 먼저 둘러보기를 바란다. 비록 도시는 차, 지하철, TV, 컴퓨터, 스마트폰으로 둘러싸여 있지만, 고개를 조금만 위로 올려보면 하늘과 구름, 해와 달이 있다. 봄에는 꽃이 피고 늦봄에는 파릇파릇 연두색으로 온 세상이 도배된다. 주변의 아름다움에 눈길을 주고, 즐거운 소리에 귀 기울이는 여유를 가져보자.

재무목표

재무목표란, 말 그대로 재무적인 목표이다. 내 집 마련을 위한 자금, 퇴직 후의 삶을 위한 자금, 자녀 교육을 위한 자금 등 돈에 꼬리표를 달아둔다고 생각하면 된다. 하지만, 이렇게 재무목표를 도출하다 보면 애초의 비전은 잊게 되고, 숫자에만 빠져들게 된다. 그럴 때면 앞 단계에서 작성한 비전을 다시 한 번 읽어보면 큰 도움이 될 것이다. 현명한 부자에게 돈은 수단이지 목표가 아니기 때문이다. 따라서 아래에 작성하는 재무목표는 비전 달성과 반드시 연결되도록 작성하는 것이 좋다.

● 표 12 **재무목표 도출** ●

재무목표	우선순위	금액	시기	비고
대출금 갚기	1	50,000,000	3년	매월 이자 30만 원 (원금일시상환 8년 뒤)
대학등록금	2	40,000,000	8년	
퇴직 준비	3	…		
⋮	⋮	…		
⋮	⋮	…		
⋮	⋮	…		
⋮	⋮	…		

재무목표를 도출하다 보면 정확한 금액을 알기 어려운 경우가 많다. 퇴직설계와 같이 미래에 일어날 일을 지금 어떻게 계산해야 할지 막막할 수 있다. 그렇다면 2장 첫 번째 사례에서처럼 퇴직 수평선을 그려보는 것부터 시작하면 필요금액 도출이 그리 막막하지는 않을 수 있다.

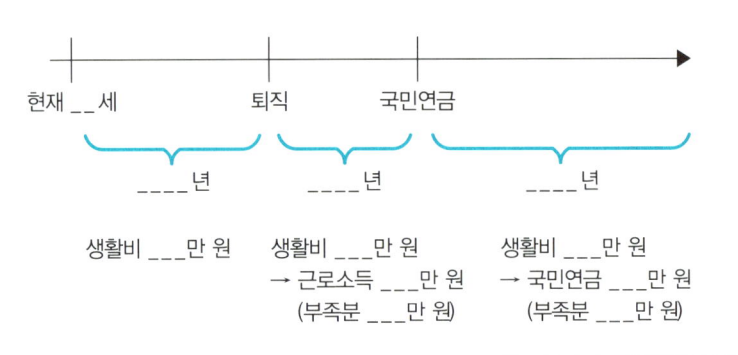

● 그림 15 **퇴직 수평선** ●

생활비의 경우, 퇴직 이후 국민연금 수령 전까지는 지금 생활비 수준이나 그 80~90%선, 국민연금 수령 이후는 60~70%선으로 계산하면 된다. 또한, 퇴직 후 근로소득은 지금 받는 금액의 절반 정도를 계산하면 각 시기별 매월 부족한 금액이 도출될 것이다. 이것을 해당연수만큼 곱해보면 필요한 퇴직자금이 대강 계산된다.

국민연금을 얼마나 받는지 모르겠다면, 공인인증서를 준비해 국민연금 홈페이지(http://www.nps.or.kr)의 '내 연금 알아보기'에서 조회를 해보면 된다. 국민연금 홈페이지에서는 국민연금뿐만 아니라 퇴직 필요자금을 위한 시뮬레이션을 제공하고 있으니 이를 이용해도 좋을 것이다.

이도저도 어렵고 복잡하게 느껴진다면 시중은행의 인터넷사이트를 들어가보자. '자산관리' 메뉴에 간단한 몇 개의 입력만으로 퇴직 후 필요한 자금과 부족한 자금을 계산해준다.

사실 재무목표를 바로 도출하는 것은 쉽지 않은 일이다. 그렇다면

● 표 13 자기경영주식회사 재무상태표 예시 ●

자산(차변)		부채와 순자산(대변)	
유동성 자산		단기부채	
현금	원	마이너스 통장	원
단기상품	원	은행대출	원
수시입출금 계좌	원	약관대출	원
기타 유동성 자산	원	신용카드	원
		카드론	원
투자자산			
채권형	원	중·장기부채	
주식형	원	신용대출	원
부동산	원	담보대출	원
		임대보증금	원
기타 자산		사채	원
은퇴자산	원	보증대출	원
공적연금	원		
개인연금	원	기타 부채	
기타 연금	원	개인차입금	원
		연대보증액	원
위험관리 자산			
보장성 보험	원	총부채 합계	원
사용자산	원	순자산 합계	원
주거용 자산	원		
회원권	원		
임차보증금	원		
미술품 및 골동품	원		
기타	원		
총자산 합계	원	부채와 순자산 합계	원

지금의 자산구조나 현금흐름표를 먼저 작성한 후 단점을 보완하는 방향으로 재무목표를 설정하는 것도 좋은 방법이다. 1장에서 언급한 '자기경영주식회사'의 CEO라고 생각하며 앞의 표 13을 작성해 보자.

자산이 너무 한곳에만 치우쳐 있다거나 대출이 너무 많다면, 이를 리밸런싱하는 방향으로 재무목표를 설정하면 된다. 그런데 얼마만큼의 비중으로 자산 리밸런싱을 해야 할지 모를 수가 있다. 그렇다면 각 자산에 꼬리표를 달아보자. 정기예금은 나중에 집을 살 때 필요한 자금, 적립식 펀드는 자녀의 대학등록금을 위한 자금 등 각 자산에 쓰임새를 미리 정해두고 나면 투자의 아이디어가 보인다.

1년 내에 꼭 필요한 자금이라면 투자보다는 저축성으로, 즉 펀드보다는 은행예금으로 안전하게 관리하는 것이 바람직하다. 당장 필요한 자금이 아니라면 본인의 투자성향에 맞게 투자비중을 조절하면 된다.

10여 년 전, 내가 증권회사 객장에서 상담을 하던 시절, 어떤 여성고객을 그냥 돌려보낸 적이 있다. 그분은 본인이 20여 년간 골프장 캐디로 일한 후 받은 퇴직금을 주식에 투자하겠다며 나를 찾아왔다. 당시 증권회사에는 그 고객이 투자할 만한 상품이 없었다. 요즘은 일반화된 펀드지만 2005년 이전에는 펀드가 무엇인지 잘 모르는 고객들이 대부분이었다.

퇴직금의 경우에는 세후 수익률을 은행이자 수준보다 약간 높게 설정하는 것이 바람직하다. 그런데 그 고객은 주식투자를 통해 퇴직금을 두세 배 불리고 싶어 하는 마음이 있었기에 투자의 위험에 대해 자세히 설명을 드리고 돌려보낸 것이다.

아무리 장기투자라 하더라도 목표수익률을 너무 높게 잡는 것은 권하지 않는다. 현명한 투자자는 마음의 평화를 목표로 삼는다는 점을 꼭 상기하며 자산 리밸런싱을 하기 바란다.

표 14처럼 현금흐름표를 작성하고 나면 알게 모르게 쓰는 돈이

● 표 14 자기경영주식회사 현금흐름표 ●

소득	상세항목		지출	상세항목	
사업 / 근로소득	본인 소득 배우자 소득	원 원	저축과 투자	채권형 투자 주식형 투자 현금성 자산 미분류 투자	원 원 원 원
투자소득	금융소득 이자소득 투자소득 부동산임대소득	원 원 원 원	고정 지출	공적연금 이자 건강 / 고용보험료 재산세 소득세	원 원 원 원 원
연금소득	공적연금 퇴직연금 개인연금	원 원 원	변동 지출	생활비 교육비 교통 / 통신비 특별비 기부금 기타	원 원 원 원 원 원
기타 소득	기타 소득	원			
소득 합계		원	지출 합계		원

Chapter 3 오래 사는 시대, 재무설계가 답이다 133

● 그림 16 **재무설계 전후의 변화** ●

재무설계 Before	재무설계 After
• 무계획	• 계획과 진로 설정
• 목표간 상충	• 정의된 목표
• 무질서	• 질서
• 불필요한 복잡성	• 단순화
• 시간 부족	• 자유
• 과도한 거래 비용	• 거래 비용 절감
• 불확실한 미래	• 세금 절감
• 위험에 노출된 가족	• 마음의 평화
• 확신의 부족	• 가족의 보호

많다는 것을 깨닫게 될 것이다. 그러면 가계부 작성부터 시작하는 것이 좋다. 그리고 지나치게 비중이 높은 항목을 조정해나가는 것을 재무목표로 설정하면 된다. 이자비중이 너무 높다면 대출을 리밸런싱하고, 교육비 항목이 높다면 아이에게 불필요하게 학원을 강요하고 있지는 않은지 자문해보아야 한다.

약은 약사에게, 재무설계는 전문가에게

그럼에도 불구하고 재무설계 전문가가 필요한 이유는 '중이 제 머리를 못 깎기' 때문이다. 인간이 이성적인 동물이라고는 하나,

투자에서는 상당히 비논리적인 행동들을 보이는 경우가 많다. 특히 주식투자에서 그런 행태들을 많이 볼 수 있다.

사람들은 자신이 투자한 종목은 시장의 상황과 관계없이 늘 오를 것이라고 낙관적인 전망을 한다. 게다가, 주가가 곤두박질치고 있는데도 손절매(앞으로 주가가 더욱 하락할 것으로 예상하여, 가지고 있는 주식을 매입 가격 이하로 손해를 감수하고 파는 일)를 하지 못하고 하염없이 기다리기만 한다. 그리고 아직은 때가 아니니 시간이 지나면 원금을 회복할 것이라고 믿으며 애써 기억에서 지우려 한다. 반대로 수익이 난 종목은 하루라도 빨리 팔고 싶어 한다. 이런 욕심을 이기지 못하고 빨리 팔아버리면 정작 시세가 분출될 때를 놓치는 경우가 허다하다.

손실은 확정하고 싶지 않고 수익은 확정하고 싶은 마음은, 잘못은 숨기고 싶고 잘한 것은 드러내고 싶은 마음과도 비슷하다. 행동재무학(경제심리학의 다른 명칭)에서는 이런 행태를 regret minimization, 즉 후회를 최소화하는 것이라고 한다. 손실이 난 주식도 팔지 않은 상태라면 아직은 손해를 확정한 것이 아니기 때문에 후회를 덜하게 되는 것이다. 즉, 손절매를 하면 손실이 확정되어 투자결정에 대한 돌이킬 수 없는 후회를 낳기 때문에 이를 미루는 것이다.

사람은 누구나 이런 특성을 가지고 있다. 그렇기 때문에 전문가들도 종종 행동재무학에서 이야기하는 비이성적인 판단을 한다. 하지만, 자산을 객관적으로 판단하는 일은 스스로가 하는 것보다는 다른 사람의 시각에서 보는 것이 비이성적인 오류를 최소화할 수 있기 때문에 전문가를 찾게 되는 것이다.

● 그림 17 **재무설계에서 고려해야 할 변수** ●

경제전망 관련 변수
- 물가상승률
- 교육비 인상률
- 임금 인상률
- 정기예금 금리
- 투자(기대)수익률 :
  주식 / 채권 / 현금자산 / 부동산
- 은퇴 후 기대수익률

목표자금 추정 시 변수
- 은퇴예상시점
- 은퇴 후 생활기간
- 월 생활비
- 간병 자금
- 초중고대학(원) 교육비
- 유학비용
- 자녀 결혼 예상 연령 및 필요 금액

위의 그림과 같이 재무설계 과정에서 투자의사결정을 할 때는 상당히 많은 변수가 고려된다. 이렇게 다양한 변수를 고려하는 것은 정확한 예측을 위해서가 아니라, 돌발변수를 대비하기 위해서이다. 만약, 물가상승률을 4%로 예상했는데 4.5%로 올라간다면 설계안을 이에 맞게 변경해야 할 것이며 은퇴시점이 예상보다 당겨지거나 늦춰질 때도 역시 설계안의 변경이 필요하다. 1장의 김부장의 경우처럼 업무에 열중하다 보면 경제시장이 어떻게 돌아가는지 흐름을 놓칠 가능성이 다분하다. 차라리 돈 문제는 다른 사람에게 맡기고 본연의 일에 집중하는 것이 기회비용을 최소화하는 방법이다.

재무설계의 5대 필요자금

전문가에게 상담을 했든 스스로 재무설계를 했든, 재무설계에 반드시 들어가야 하는 부분이 있다. 반복해서 이야기하지만 재무설계는 한번에 이루어지는 것이 아니다. 그러니 처음부터 모든 것을 한꺼번에 계획하려는 욕심은 금물이다. 비록 그림 18의 다섯 가지 필요자금을 고려하지 못했다 할지라도 차근차근 계획을 세워나가면 되기 때문이다.

이 다섯 가지 자금 중에서 어떤 것이 먼저인지는 개인의 라이프사이클에 좌우된다. 30대 미혼이라면 결혼자금이 최우선순위가 될

● 그림 18 **재무설계 5대 필요자금** ●

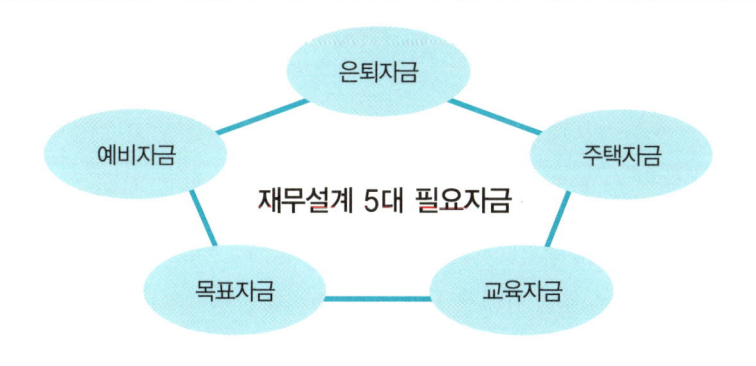

목표자금 : 결혼이나 여행 등 필요 목적에 의한 자금

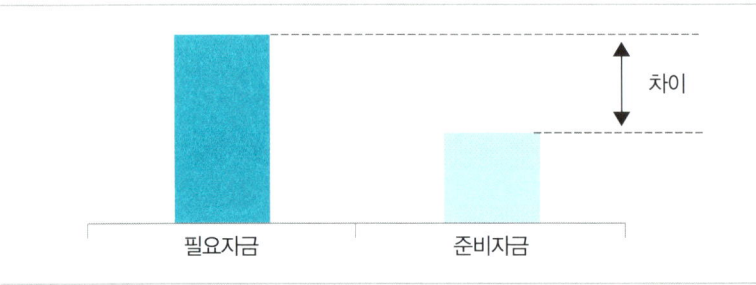

● 그림 19 **필요자금과 부족자금** ●

것이고, 40대 가장이라면 주택이나 교육자금, 목전에 퇴직을 앞둔 50대라면 은퇴자금이나 자녀결혼자금 등이 첫 번째가 될 것이다. 하지만 예비자금은 개인의 라이프사이클과 관계없이 확보해두는 것이 좋다. 통상 생활비의 3개월 분 정도를 수시입출이 가능한 상품에 넣어두면 자금운용에 훨씬 여유가 생기기 때문이다.

필요자금 − 준비자금 = 부족자금

궁극적으로 재무설계는 필요한 자금과 부족한 자금 사이의 간격을 메워주는 역할을 하는 것이다.

수학적으로는 필요자금을 줄이거나 준비자금을 높이면 필요한 자금, 즉 부족자금이 줄어든다. 그런데 준비자금을 늘리는 것이나 필요자금을 줄이는 것 중 어느 것 하나도 쉽지 않다. 하지만 여러 가지 노력으로 이 차이를 손에 잡히는 수준으로 만들 수 있다.

〈부족자금을 위한 적극적인 방법〉
- 현재 그리고 미래의 수입을 늘린다.
- 준비자금의 포트폴리오를 변경한다.

〈부족자금을 위한 소극적인 방법〉
- 지출을 최대한 억제한다.
- 나와 관련한 재무목표를 변경하여 필요자금을 줄인다.

자녀교육만 준비하기도 벅찬데 다섯 가지 필요자금을 한꺼번에 준비하기란 쉬운 일이 아니다. 그렇기 때문에 재무목표의 우선순위가 중요한 것이다.

마케토크라시 CEO가 제안하는 재무설계 열 가지 원칙

미국의 인터넷 뮤추얼펀드 회사인 마케토크라시(Marketocracy)는 고객을 대상으로 모의 주식투자 수익률 대회를 개최한다. 그리고 이 대회에서 최고의 실적을 거둔 투자자 100명을 실제 주식시장의 뮤추얼펀드를 관리하는 펀드매니저로 채용한다. 연봉이 수십만 불을 넘나드는 명문대 MBA 펀드매니저 대신 보통사람(regular folks)을 참여시켜 펀드 운용 비용을 절감하면서도 S&P지수 수익률을 상회하는 성과를 보이고 있다. 이는 다수의 개인들이 의견을 수렴하여 개념이나 사상을 형성하는 '집단지성'을 주식투자에 활용한 좋은 사례로 꼽힌다.

마케토크라시의 CEO이자 펀드매니저인 켄 캄(Ken Kam)의 프로슈머마케팅(프로슈머란 생산과 유통에 참여하는 소비자를 일컬으며, 프로슈머 마케팅이란 소비자의 아이디어가 신제품 개발에 직접 관여하는 마케팅을 의미한다)은 상당히 혁신적인 아이디어이다. 게다가 그가 제시하는 개인의 재정 관련 계획과 투자 전략 또한 매우 인상적이다.

첫째, 계획을 세운다.

건전한 재정계획은 경제적인 자유를 얻을 수 있는 최선의 방법이기 때문이다. 생각보다 오래 사는 시대에 제2의 인생목표와 그를 위한 재무목표를 수립한다.

둘째, 매월 일정 금액을 계획에 따라 적립한다.

경제적으로 자유로움을 얻기 위한 첫 단추는 수입에서 매월 일정 금액을 적립하는 것에서 채워진다. 이때 총지출이 수입에서 적립금을 뺀 금액을 결코 넘어서지 않도록 해야 한다.

셋째, 처음부터 큰 금액을 저축할 생각을 하지 않는다.

또 적은 금액으로 시작하는 것을 부끄럽게 여기지도 말아야 한다. 비록 적은 금액이라도 규칙적으로 적립할 때 그 돈은 어느새 크게 불어난다. 특히 나이가 젊다면 그 결과는 더욱 놀랍다. 물론 나이가 많더라도 결코 이러한 저축을 시작하기에 늦은 것은 아니다.

넷째, 유동자산을 확보한다.

실직했더라도 최소 6개월 이상의 지출을 충당할 수 있을 만큼의 여유자금을 확보해야 한다. 더욱이 퇴직 후의 직업 생활은 그 안정감이 떨어질 수 있으므로, 포트폴리오 상 10%의 유동성 자산을 꼭 확보하도록 한다.

다섯째, 유동자산의 개념을 확대시킨다.

현금과 은행예금 말고 보유한 주식을 유동자산에 포함시킨다. 언제 돈이 필요할지 알 수 없기에 주식은 보유분의 50%만을 유동자산의 개념에 포함시킨다.

여섯째, 주식에 투자한다.

카지노 도박은 확률이 항상 우리에게 불리하다. 따라서 카지노 게임을 오래하면 할수록 돈을 잃을 확률은 더 높아진다. 그러나 주식은 오래 가지고 있을수록 돈을 벌 가능성이 커진다. 하지만 주식을 카지노 플레이로 여기는 것은 문제가 있다. 카지노는 플레이 차원에서 즐기는 마음으로, 주식은 장기적인 관점에서 기업에 투자하는 마음가짐으로 임해야 한다.

일곱째, 안전을 위한 완충장치를 만든 후, 장기 투자를 한다.

안전장치를 만들어놓은 후 남은 돈을 균등하게 나누어 1년에서 5년에 걸쳐 투자하여 5년짜리 투자사다리를 만들도록 한다(매년 총 투자금액의 1/5에 해당하는 금액이 이자와 함께 회수될 것이다. 이를 재투자한다). 이러한 방식으로 진행해나가면 당신의 투자는 모두 5년 단위의 투자로 바뀌게 될 것이며, 매년 20%에 해당하는 포트폴리오를 변경할 수 있게 된다.

여덟째, 자산이 늘어나면, 좀 더 장기에 걸쳐 공격적으로 투자한다.

현재 10년 단위로 투자를 하고 있는 사람은 거의 없다고 해도 과언이 아니다. 따라서 투자자의 입장에서 보면 좋은 투자 기회가 많다는 의미이다.

아홉째, 다양한 목적의 펀드를 활용한다.

이것은 우발채무(contingent liabilities, 장래에 일정한 조건이 발생하였을 경우 채무가 되는 것)에서 자신의 자산을 보호할 수 있는 가장 좋은 방법이다.

열째, 결코 자녀에게 재산을 증여하지 않도록 한다.

돈이 자녀의 인생에서 매우 파괴적인 요소가 될 수도 있다. 올바른 성인으로 자라나기 위해서 아이들은 모든 것에 적절한 가치를 부여하는 방법을 배워야 한다. 그런데 그들에게 돈이 풍족하게 주어지면 이러한 교훈을 결코 배울 수 없게 되며, 심지어는 재앙을 초래하기도 한다. 노후 설계에 있어 자녀에 대해서는 대학교육까지만 목표로 한다. 졸업 후 취직해서 스스로 돈을 벌 수 있을 때 부모로서의 역할은 다한 것이라 본다.

재무설계의 꽃, 자산배분

무엇이든 때가 있는 법이다. 어렸을 때 부모님이 공부하라는 잔소리를 하시며 꼭 "공부도 다 때가 있는 법이란다"라고 하던 말씀이 그때는 왜 그렇게 듣기 싫었는지 모르겠다.

자산배분도 마찬가지다. 자신의 연령에 맞게, 소득에 맞게, 모아 놓은 자산 규모에 맞게 해야 한다. 재무설계는 자산배분을 위한 계획표이며 나침반이다. 설계안은 비로소 자산배분을 통해 완성된다. 따라서 자산배분은 재무설계의 꽃이다.

자산배분은
축구의 포지션과 같다

자산배분이라고 하면 어렵게 들릴지 모르겠지만, 축구를 생각하면 이해가 쉬워진다. 축구는 모두 11명이 하는 게임이지만, 키 플레이어가 승패를 좌우한다. 아무리 다른 선수들이 혼신의 힘을 다해 게임을 했더라도 최종공격수가 골을 넣지 못하면 게임에 이길 수 없다. 마찬가지로, 자산배분도 핵심 자산군이 자산의 수익률을 결정한다.

하지만 11명의 선수를 박지성과 같은 세계 최고의 선수들로만 구성한다고 해서 게임에 이기는 것은 아니다. 공격수, 수비수, 골키퍼 등이 각각의 포지션에 맞는 선수들로 구성되어 있어야 짜임새 있는 게임을 할 수 있다. 자산배분도 마찬가지로 수익률이 가장 높은 자산군으로만 구성되어 있다면 수익이 높을 수 있으나 그에 따르는 위험 역시 커지게 된다. 부동산, 채권, 예·적금, 보험, 주식, 금 등으로 적절히 배분되어야 위험을 관리할 수 있다.

축구에서 가장 중요한 것이 무엇일까? 아마 감독의 역할이 아닐까? 아무리 팀이 국가대표급 선수들로 구성되어 있다고 해도 상대편의 전략과 전술에 맞추어 전략을 수정해주어야 경기를 승리로 이끌 수 있다. 게다가 경기 당일 컨디션이 가장 좋은 선수들로 구성해야 구상한 전략을 실행할 수 있다.

이와 마찬가지로 처음 자산배분을 잘해두었다 할지라도 이를 지속적으로 관리해주어야 한다. 시장상황에 따라 자산구성비를 전략적으로 변경해주는 것이 제일 중요하다.

투자 결과에 가장 중요한 요인은?

투자 성과에 가장 결정적 영향을 끼치는 요인은 자산배분이라는 연구결과가 있다. '계란을 한 바구니에 담지 마라'라는 투자격언이 괜히 나온 것이 아니다. 그런데 여기에서 주의해야 할 사항이 있다. 주식상담을 하다 보면 이 투자격언을 이야기하며 여러 종

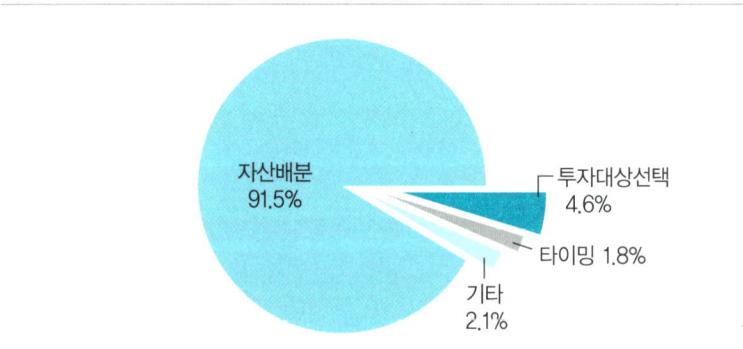

● 그림 20 **투자수익률에 영향을 주는 요인** ●

목에 무조건 분산해야 한다고 주장하는 고객을 심심치 않게 만날 수 있다. 하지만 주식을 여러 종목으로 분산한다고 한들, 2008년 글로벌 경제위기와 같은 상황이 되면 삼성전자이건 코스닥 종목이건 하락은 불가피하다. 계란을 여러 바구니에 나눠 담았다고 생각하겠지만 사실은 같은 바구니였던 것이다. 즉, 자산배분은 주식을 여러 종목으로 나눈다는 뜻이 아니다. 주식, 채권, 부동산 등 성격이 다른 자산군으로 분리해야 한다는 뜻이다.

흔히 생각하는 것처럼 싸게 사서 비싸게 파는 것이 수익률에 영향을 미칠 것 같지만 연구결과에 따르면 타이밍은 1.8% 영향을 준다. 어떤 주식종목을 살 것인지 고민하는 것도 역시 4.6%에 지나지 않는다. 결국 투자수익률은 자산배분, 즉 주식에 X%, 채권에 X%, 부동산에 X% 등의 자산배분으로 90% 넘게 결정된다는 것이다.

자산배분의 원칙

수익이 아니라 위험을 관리하라

"High Risk High Return"이라는 말이 있다. '위험이 높으면 수익이 높다'라는 의미로, 위험과 수익의 상충관계를 표현하는 말이다. 간혹 안전하면서 높은 수익을 올릴 수 있다고 투자자를 현혹하는 광고들이 있다. 하지만 안타깝게도 그런 투자대상은 없다. 투자활동은 그에 수반되는 위험에 따른 대가를 수익으로 거두는 것이기 때문이다.

주식은 위험도 높고 수익도 높은 자산이다. 미국 주식시장은 상한가, 하한가라는 개념이 없어서 하루에 15% 이상의 상승이나 하

● **그림 21 위험과 투자의 상관관계** ●

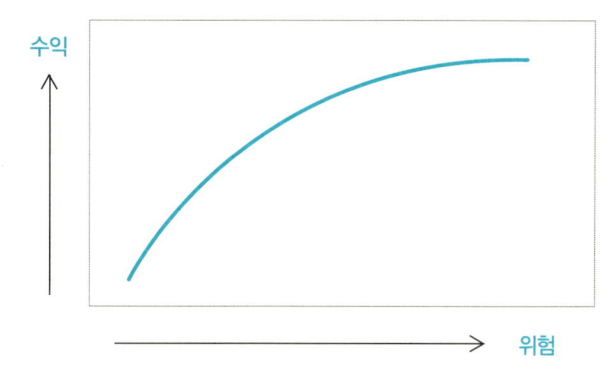

락이 가능하다. 하지만 한국에서는 아직 15%라는 가격제한폭이 있다. 즉, 주식이란 하루에 최대 15%의 수익을 올릴 수도, 15%의 원금손실을 입을 수도 있는 위험자산인 것이다.

그런데 국공채의 경우에는 1년 수익률이 4~5%대에 머문다. 주식에 비하면 수익률이 볼품없다고 느껴질 수 있겠지만, 원금손실의 가능성은 거의 없다.

퇴직자산을 관리하기 위해서는 수익보다는 위험에 집중하는 태도가 바람직하다. 즉, 큰 수익을 기대하는 것이 아니라 큰 손실을 회피하는 자세인 중립적 투자자가 되어야 하는 것이다.

주식투자를 오래 해온 고객의 경우, 중립적 투자를 권하면 거부하는 경우가 있다. 하지만 봄이 오면 여름이 오고 가을이 오면 겨울이 오듯, 시간이 지날수록 투자유형도 중립적인 투자 스탠스를 유지하

● 그림 22 **투자자 유형분류** ●

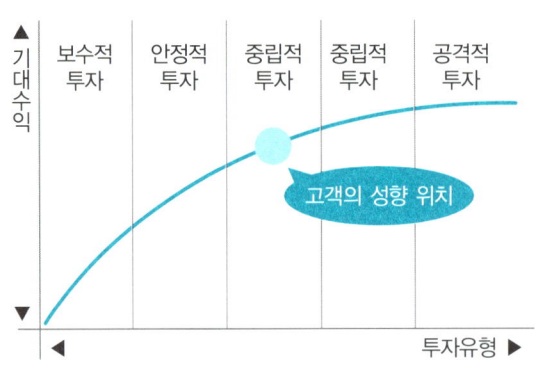

는 것이 자연스럽다. 물론, 재산도 많고 소득도 높은데다 여유자금으로 하는 투자라면 반드시 중립적인 성향을 고집할 필요는 없겠지만, 자산을 축적하는 것보다 지키는 것이 중요한 시기일수록 투자는 보수적으로 해야 한다. 때 늦은 투자 실패는 돌이킬 수 없기 때문이다.

라이프사이클 펀드에서 자산배분 아이디어를 얻다

그러면 자산배분을 어떻게 해야 할까? 라이프사이클 펀드 (Life Cycle Fund, 투자자 연령에 맞춰 최적의 포트폴리오를 자동적으로 재

구성해주는 펀드)에서 자산배분의 아이디어를 얻을 수 있다. '평생 펀드'라는 별명이 붙어 있는 라이프사이클 펀드는 '생애재무설계 펀드'라고 지칭하는 것이 더욱 정확할 것이다. 개개인의 라이프사이클에 따라 자산배분을 결정하기 때문이다.

아래의 표 15는 한 개인이 경제인으로서 독립하고 결혼을 하고 자녀를 낳고 중년이 되고 직장에서 은퇴할 시기가 되면서 노년에 접어드는 '일반적인' 생애주기(Life Cycle)를 보여주고 있다. 사람들은 대부분 유사한 모습의 라이프사이클을 통과하게 된다.

● 표 15 전형적 라이프사이클 ●

소득	취업	결혼	주택구입	자녀진학	자녀취업	자녀결혼	은퇴
생애 주기	사회 진입기	주거 독립기	구성원 증가기	자녀 교육기	가정 성숙기	노후 대비기	말년기
정의	• 미혼 • 취업	• 기혼 • 무주택	• 주택소유 • 첫 자녀 중학 진학 전	• 첫 자녀 중학~취업	• 첫 자녀 취업 후 결혼 전	• 고령 • 은퇴 이전	• 고령 • 은퇴 이후

가계수지 변화표와 수입·지출 라이프사이클을 보면 우리 삶의 흐름에 따라 가계수지가 어떻게 변화될지 짐작할 수 있다.

사회에 첫발을 내디딘 시점에서는 수입보다는 지출이 많은 시기이다. 학자금 대출 등을 갚고 나면 수입이 지출보다 많아지며 자본축적이 이루어진다. 이후 결혼과 주택구입 시점에는 역시 수입보다

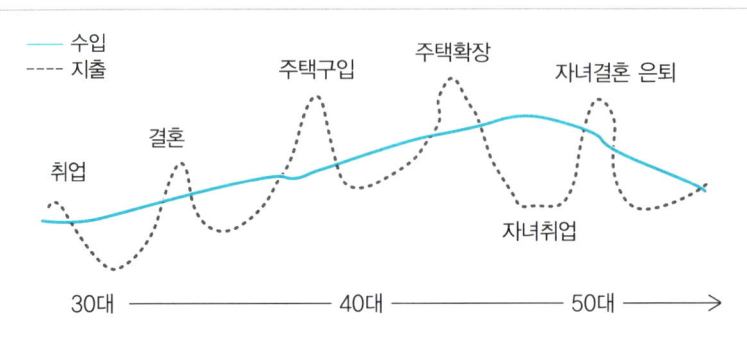

는 지출이 높아진다. 40대 중반이 수입이 가장 높은 시기이며 그 수입은 점점 줄어드는 곡선을 그린다.

　이러한 전형적인 라이프사이클은 사회가 변화할수록 다양한 모습을 띠게 된다. 요즘 증가하는 이혼과 재혼은 이것과는 조금 다른 라이프사이클로 그려질 것이다. 인생에 대한 가치관, 교육 수준, 직업, 종교, 결혼의 안정, 배우자의 수명, 삶의 목적, 기회 등도 개인의 라이프사이클을 달라지게 한다. 여기서 중요한 것은 자기 자신의 라이프사이클은 어떠한지 그려보는 일이다.

　라이프사이클 펀드는 인생의 곡선을 따라 자산배분 전략이 달라지도록 하는 펀드이다. 짐작 가능하겠지만, 초반에는 공격적인 운용을 하다가 시간이 지날수록 보수적으로 운용한다.

　그림 24에서 보다시피 25세에서는 주식비중이 90%에 가깝다. 하

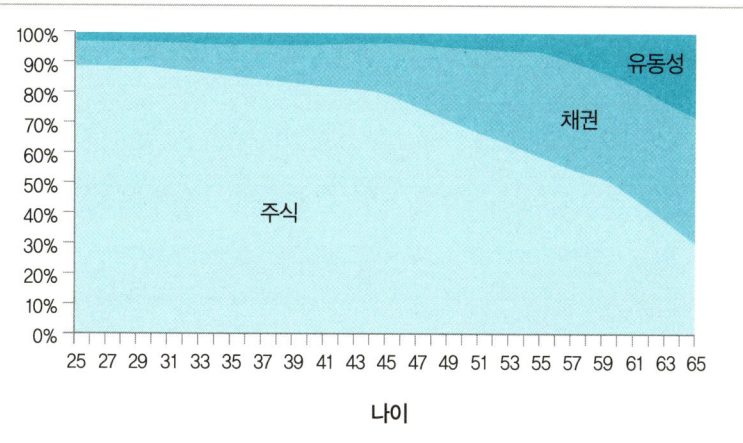

● 그림 24 라이프사이클 펀드의 자산배분 ●

출처 : www.watsonwyatt.com

지만 이 비중은 나이가 많아질수록 점점 줄어들어 65세에는 30% 이하로 운용한다. 만약, 본인의 나이가 43세라면, 주식비중 80%, 채권 15%, 유동성 자산 5%로 구성하면 된다. 투자성향이 보수적인 편이라면 나이에 10을 더한 비중을 살펴보면 된다. 즉, 43세라 할지라도 53세의 구성, 즉 주식 65%, 채권 30%, 유동성 자산 5%로 구성하는 것이다. 만약 본인의 라이프사이클이 전형적인 경우와 다르다면, 전형적인 경우에 있는 몇 세 정도의 라이프사이클일지 매칭해보면 된다.

유대인의 전통적인 자산배분 방식에서
아이디어를 얻다

유대인 중에서 대표적인 가문은 전 세계의 금융시스템을 쥐고 흔드는 로스차일드 가문일 것이다. 서양의 금융전문가들조차 로스차일드 가문의 재산이 얼마인지 헤아릴 수 없다고 하니 그 규모를 짐작하기가 쉽지 않을 것이다.

그들은 유대인 특유의 조심성과 신중함, 그리고 근친혼을 통한 비밀유지로 세계적인 부호가 되었다. 로스차일드 가문에 내려오는 격언 중에 '재산을 지키려면 돈을 벌 때보다 열 배는 더 용감하고 신중해야 한다'는 것이 있다. 이 가문이 몇 세대를 거쳐 내려오면서도 가문의 부가 유지되는 이유를 조금은 짐작할 수 있게 해주는 부분이다.

돈에 관한 유대 격언 중에서 '부자가 되는 유일한 방법은 내일 할 일을 오늘 해치우고 오늘 먹어야 할 것을 내일 먹는 것이다'라는 말이 있다. 또한 '돈이 결코 모든 것을 좋게 할 수는 없지만 그렇다고 모든 것을 썩게 하지도 않는다'라는 격언도 있다. 이처럼 자산관리에 있어 오랜 전통을 보유한 유대인에게서 퇴직자산 관리에 대한 아이디어를 얻을 수 있다.

유대인들은 30:30:30의 원칙을 고수한다. 포트폴리오를 주식과 채권과 부동산을 3:3:3으로 나누는 것이다. 나머지 10은 비상자금이므로, 보편적인 포트폴리오 구성의 원칙은 30/30/30/10이다. 이 중 10은 비상자금 용도의 유동성 현금자산이며 항상 보유하고 있다.

그림 25 유대인의 전통적인 자산배분 방식

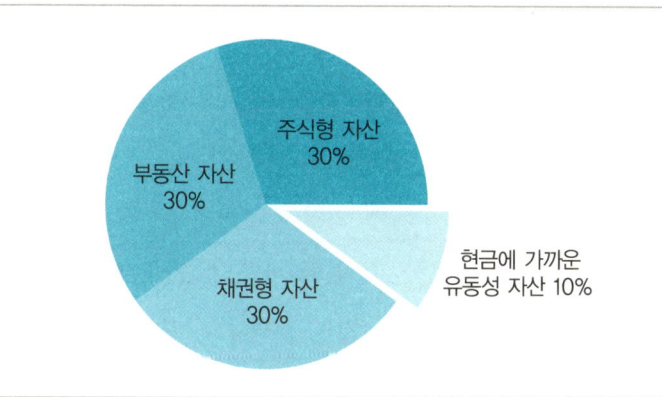

한국 가정은 부동산 보유비중이 70%를 넘나들고 있다. 게다가 이를 리벨런싱(자산의 비율을 조정하는 것을 말한다. 예를 들면, 채권이 70%이고 주식이 30%인 자산구조를 5:5로 변경하는 것과 같은 것이다. 이런 경우 채권의 20%를 팔고 주식을 매입하면 자산구조가 5:5로 리밸런싱된다)하기도 쉽지 않은 상황이기 때문에 3:3:3의 유대인의 가르침이 요원할 수는 있다.

그런데 유대인들의 자산배분이 상당히 단순하다는 점에 주목할 필요가 있다. 금융 서비스가 발달하면서 상당히 복잡한 구조의 파생상품들도 일반적으로 거래되고 있다. 요즘은 보편화된 상품인 ELS(Equity-Linked Securities, 개별 주식의 가격이나 주가지수에 연계되어 투자수익이 결정되는 유가증권)도 내부구조는 선물과 각종 옵션이 결합된 상품으로 일반투자자가 이해하기 쉽지 않지만, 그저 수익률 조건만 보고 가입하는 경우도 허다하다. 그로 인해 폭락장에서는 손실을 면하기 어려웠고 금융회사와 투자자간 마찰도 빈번하였다. 유대인들의 자산관리 철학을 마음에 새겼다면 잘 모르는 파생상품에 큰돈을 투자하는 일은 없었을 것이다.

 대부분의 사람은 사회에 첫발을 들이기 전 30년 동안 공부를 하고, 30년간 직업을 가지며 일을 하고, 30년간 노후생활을 보낸다. 100세 사는 시대에 30년, 30년, 30년은 유대인 자산배분의 30:30:30의 원칙과 닮아 있는 것이 완전한 우연만은 아닐 것이다.

자산배분의 3대 정석

 앞서 말했듯, 수익이 아니라 위험을 관리하는 마인드가 자산배분의 기본이다. 자신의 라이프사이클을 고려하거나 유대인의 가르침을 참고하여 배분비율을 결정하면 자산배분은 완성된다. 그 이후에는 한 가지 고민이 남는다.

"과연 어떻게 자산배분안을 실천할 것인가?"

예를 들어 주식과 채권을 7:3으로 배분하기로 결정했다고 해보자. 1억 원의 금융자산이 있다고 하면 7천만 원은 주식에, 3천만 원은 채권에 투자를 하는 것이다. 그런데 7천만 원의 주식은 어떻게 투자해야 할까? 고민 해결법은 다음의 세 가지 정석에 있다.

첫째, 간접투자를 하자.

펀드에 따라 다르지만 보통 하나의 펀드에 편입된 종목은 100여 개에 달한다. 펀드에 투자를 하게 되면 100여 종목에 한꺼번에 투자하는 셈이다. 만약 개인적으로 하는 투자라면 그만 한 포트폴리오를 관리하는 것은 불가능에 가깝다. 물론, 4~5개의 종목으로 본인의 포트폴리오를 관리하는 분도 있다. 하지만 앞서 언급한 대로, 수익률은 개별종목의 선택보다는 자산배분의 비율에 의해 결정되기 때문에 굳이 종목을 고르느라 시간낭비를 할 필요가 없다.

심리학자의 연구결과에 의하면 100원을 잃었을 때의 고통이 100원을 땄을 때의 기쁨의 두 배에 달한다고 한다. 위험감내도(risk capacity)가 낮은 투자자라면 원금손실에 대한 고통은 더욱 커질 것이다.

증권회사 브로커들은 하락장보다 상승 및 반등장일 때 고객들을 대하기가 더 어렵다고 한다. 대세하락장에서는 고객들이 '어차피 시장이 하락하니 내 종목도 하락하는 것이 당연하다'고 받아들이는데, 상승 및 반등장에서는 '코스피는 오르는데 왜 내 종목만 안 오르냐?'라는 한탄을 쏟아내기 때문이다. 그렇다면 그냥 맘 편히 간접투자를 하는 것이 정석이다.

둘째, 시간을 분산하라.

자산배분을 하였다면 이미 분산투자의 기본은 이룬 것이다. 하지만 여기에서 한 가지 더 분산할 것이 있다. 바로 '시간'이다. 적립식 펀드는 가장 대표적으로 '시간'을 분산하는 상품이다. 앞선 예처럼 7천만 원을 주식에 배분하기로 했고, 첫 번째 정석을 따라 간접투자를 하기로 결정을 내렸다고 해보자. 그렇더라도 당장 7천만 원을 한꺼번에 펀드를 매수할 것이 아니라, 금액을 얼마간 나누어 쪼개서 매수하는 것이 좋은 전략이다. 최근의 금융시장은 변동성이 상당히 심하다. 이럴 때일수록 시간의 분산 전략이 빛을 발한다. 시간을 분산하는 것은 매수뿐 아니라 매도의 경우에도 똑같이 적용된다.

셋째, 핵심과 위성을 구별하라.

가끔 자산배분을 지나치게 많이 하는 분을 만날 수 있다. 국내인덱스 펀드 10%, 국내성장형 펀드 10%, 국내가치형 펀드 10%, 해외주식형 펀드 10%, 브릭스 펀드 10%, 물 펀드 10%, 럭셔리 펀드 10% 등 가진 자산을 모두 10분의 1씩 나누어 여러 종류의 다양한 펀드에 넣고 자산배분이라고 생각한다.

하지만 이는 자산배분의 입장에서 보면 10%씩 분산된 것이 아니다. 국내 주식형이든 해외 주식형이든 모두 '주식' 자산이다. 요즘처럼 글로벌 시장상황이 국내 주식시장에 영향이 큰 때일수록 이는 동일한 자산군이다. 또한 여러 개의 펀드로 나누면 물 펀드, 럭셔리 펀드, 농업 펀드, 금 펀드 등 대안투자 펀드의 비중이 높아진다. 자산배분에서는 이러한 대안투자를 위성 포트폴리오라고 한다.

앞서 자산배분을 축구 포지션에 비유한 예를 기억할 것이다. 이렇게 다양한 투자대상으로 구성된 포트폴리오는 골 결정력이 없는 팀과 마찬가지다. 축구는 골을 넣어야 이기는 경기이고, 자산의 수익률은 주식이나 채권 등 핵심 포트폴리오에서 나온다. 따라서 위성 포트폴리오는 전체의 10% 이내의 범위에서 조절하는 것이 바람직하다.

퇴직준비를 위한 포트폴리오

지금까지 설명했던 자산배분은 사실 퇴직 포트폴리오에서 일부분에 지나지 않는다. 퇴직준비를 위한 포트폴리오의 가장 기본을 이루는 것은 연금부분이다. 그 다음은 사망이나 각종 질병, 비용 등에 대한 보험이다. 그리고 마지막이 이번 장에서 설명한 자산배분으로 완성되는 투자부분이다. 퇴직을 위한 재무설계는 이 세 가

● **그림 26 퇴직준비 포트폴리오** ●

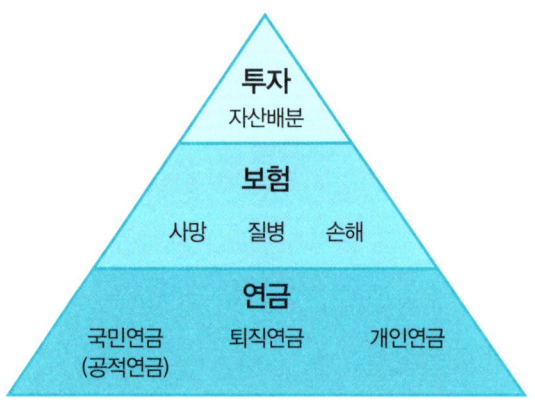

지가 모두 이루어져야 한다.

사실 연금이나 보험 하나의 주제만으로도 시중에는 전문적인 지식을 다룬 책들이 즐비하고 인터넷에도 상당히 많은 자료가 있다. 이를 모두 한 권의 책에서 다루는 데는 한계가 있는 것도 사실이니, 4장 이후에서는 퇴직준비를 위한 필수적인 사항만 선별하여 상품과 전략을 기술하도록 하겠다. 이는 좀 딱딱한 이야기가 될 수도 있지만 퇴직자산 포트폴리오 구성을 위해서는 필수불가결한 내용이다.

이에 앞서 행복한 은퇴를 방해하는 다섯 가지 장애물을 꼽아보자. 퇴직준비 시작에 앞서 예상되는 장애물을 알아두면 이에 대한 대비책도 자연스럽게 나오지 않을까 싶다.

행복한 은퇴를 방해하는
다섯 가지 장애물

① 장수(長壽) : 오래 사는 위험

2010년 WHO가 발표한 자료에 따르면 한국인의 평균수명은 80.2세로 OECD국가 중 17위를 차지하였다. 2000년의 76세와 비교할 때 4년 더 늘어난 수치이다. 이웃나라 일본은 83세로 1위를 차지하였으며, 이탈리아, 호주, 스위스 등은 82세, 캐나다, 프랑스, 노르웨이, 싱가포르 등은 81세를 기록하였다. 이처럼 고령화는 이미 전세계적인 이슈로 부각되었다.

사실 평균이라는 개념은 여러 개의 값을 대표하는 하나의 값이다. 즉, 이 값은 한국사람들이 평균적으로 몇 년을 사는지를 나타낸 값일 뿐, 나 자신이 평균 이상인지 이하인지 알려주는 값은 아니다. 또한, 소득증가로 인한 생활수준 향상, 의료서비스 수준 개선, 신약개발 성공 등의 요인으로 평균수명은 매년 3개월씩 증가하고 있다. 지금 40세인 사람이 '한국인의 평균수명이 80세이니 나는 앞으로 평균적으로 40년 정도를 대비하고 살아야겠다' 라고 생각하면 오래 사는 위험에 직면할 가능성이 높다. 남은 40년 동안 평균수명이 매년 3개월씩 증가하여 120개월, 약 10년이 늘어나 있을 것이기 때문이다.

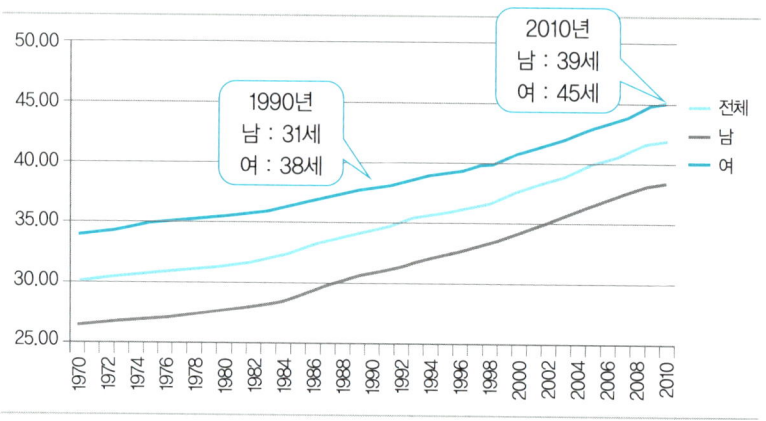

표 16 연도별 40세의 기대여명

출처 : 통계청

　표 16은 40세의 연도별 기대여명(어느 연령에 도달한 사람이 그 이후 몇 년 동안이나 생존할 수 있는가를 평균적으로 계산한 연수이며, 평균연령이라고도 한다. 평균수명은 0세의 출생자가 향후 생존할 것으로 기대되는 평균생존연수로서 '0세의 기대여명'이다)의 추이를 나타낸 것이다. 불과 20년 전인 1990년의 40세는 기대여명이 평균 35년이나, 2010년의 기대여명은 42년으로 20년 만에 7년이 증가하였다. 그러니 100세 시대를 넘어서 150세 시대를 이야기하는 것이 그리 허황되지만은 않을 것이다.

　오랫동안 건강하게 사는 것은 누구나 바라는 소망이 아닐까? 굳이 복잡한 그래프와 개념을 동원해 평균수명이냐 기대여명이냐를 이야기하는 것은 실은, 모두의 바람처럼 무병장수를 이루기 위해서이다.

예상보다 더 오래 살 수 있음을 대비하는 것과 그렇지 않음의 차이는 인생의 마지막을 어떻게 마감할 수 있을지를 좌우한다.

② 황금거위의 불임 : 복리의 마법은 트릭이었나

재테크 좀 한다고 하는 사람들은 늘 '복리'를 입에 달고 산다. 이자가 이자를 벌어들이니 돈이 눈처럼 불어나지 않겠는가? 복리를 이야기할 때 빠지지 않는 머슴 이야기가 있다.

옛날옛적, 욕심 많은 양반집에서 일하는 한 머슴이 있었다. 하루종일 쉬지 않고 일하는데도 품삯은커녕 참고 열심히 일이나 하라는 호통만 들을 뿐이었다. 머슴은 꾀를 내어 욕심 많은 양반에게 청을 넣었다.

"주인님 말씀을 거스르는 일 없이 열심히 일할 터이니 오늘은 쌀 한 톨만 주십시오. 그리고 내일은 오늘의 두 배, 즉 쌀 두 톨, 그 다음날은 그의 두 배, 즉 쌀 네 톨, 이런 식으로 매일 두 배씩만 제게 주십시오."

욕심 많은 양반은 쌀 한 되도 아니고 쌀 몇 톨이니 대수롭지 않게 여기고 승낙을 하였으나, 두 달도 되지 않아 모든 재산을 머슴에게 내어줄 수밖에 없었다.

이쯤 되면 복리의 마법은 황금알을 낳는 거위로 둔갑한다. 하지만 황금거위가 알을 낳으려 해도 시간이 필요한 것이 복리마법의 함정이다.

영리한 머슴은 매일 두 배씩 늘어나는 새경이니 두 달만에 양반집 재산을 모두 자기 것으로 만들 수 있었지만, 우리 삶의 기본단위는 연(年)일뿐더러 매년 100%의 수익률을 올려주는 상품은 현실적으로 존재하기 어렵다.

아래의 금리수준별 복리효과 그래프에 이 차이가 나타나 있다. 10% 상품에 20년 동안 복리로 투자를 하면 원금은 여섯 배가 넘도록 불어 있겠지만 3% 상품이었다면 원금은 두 배도 되지 않는다.

그래서 부자가 되려면 은행을 멀리해야 한다는 말이 나왔을 것이다. 은행이자가 점점 낮아지고 있기 때문에 복리로 투자한다고 해도 그 효과가 생활에 느껴질 만큼 마법을 부리지는 못한다는 뜻일 것이다. 지난 20년간 시중은행 금리를 살펴보면, 은행이자가 IMF

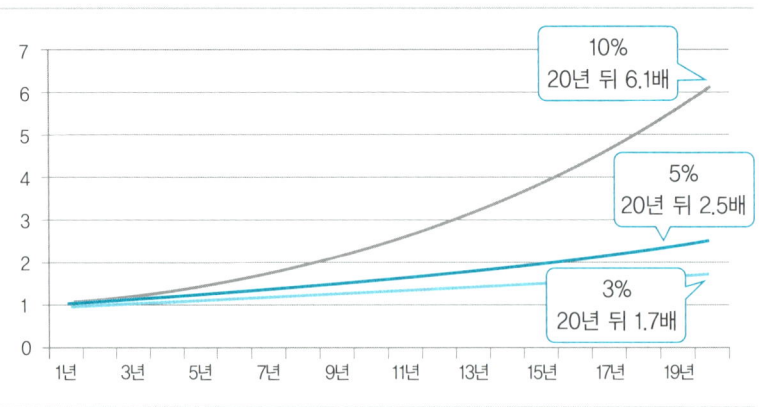

● 그림 27 **금리수준별 복리효과** ●

를 전후하여 20%대를 기록한 적은 있으나 그 뒤로는 완만한 하락세를 이어가고 있다.

● 표 17 정기예금 수신금리 추이 ●

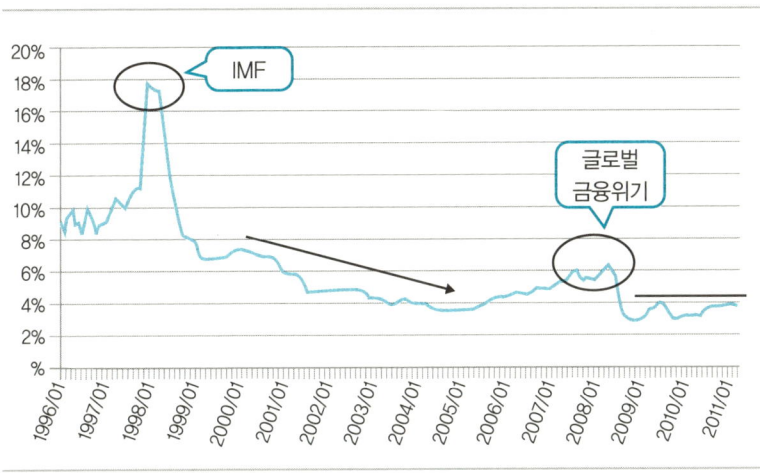

출처 : 통계청

표 17에서도 알 수 있듯, IMF 이후 급격히 낮아진 정기예금 금리는 2004년~2005년에는 4% 아래로 내려간 적이 있었다. 또한 2008년 글로벌 금융위기 이후의 금리는 4%선을 넘지 못하고 있다.

한국경제가 성장가도를 달리던 70년대에는 시중은행 평균금리가 25%선이었다. 그때는 25%의 이자를 주고서라도 돈을 빌려서 투자를 하면 그 이상의 수익을 얻을 수 있었던 때이니 그리 놀랄 일도 아니다. 그때라면 복리는 황금알을 낳는 거위로 마법을 부릴 수 있었을 것이다. 하지만 시중금리 5% 이하인 요즘의 복리효과는 물가 상승률을 따라잡기도 버거운 것임이 틀림없다.

오래 사는 위험이 부자로 은퇴하기 위한 첫 번째 장애물이었다면 두 번째 장애물은 '저금리'이다. 거기에 하루가 다르게 치솟는 물가는 저금리 리스크의 숨어 있는 위험이다.

③ 애물단지 자녀

부자로 은퇴하는 데 있어 가장 큰 장애물은 자녀교육이다. 부모 입장에서는 자녀교육이 어떤 것보다 가장 타협이 어려운 것이기 때문이다. 생활비나 교통비, 외식비 등 다른 지출은 줄여서 은퇴를 위한 자금으로 마련할 수 있어도 자녀교육비만큼은 지키고 싶어 하는

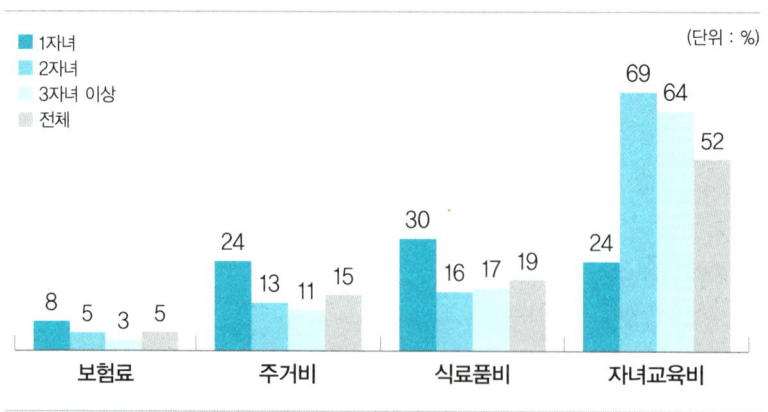

그림 28 생활비 중 교육비가 차지하는 비중

출처 : 보건복지부, 한국보건사회연구원

것이 우리나라 부모의 마음이다. 자산관리 컨설팅을 하면서 "이렇게 사교육비를 쓰시다가는 12년 뒤에는 현재 아파트를 파셔야 할지도 모릅니다"라고 말씀을 드리면, 대부분 고객들은 "그러네요. 이 정도일 줄은 몰랐습니다"라며 수긍을 한다. 하지만 집에 돌아가서는 "그래도 지금까지 버텨왔는데, 조금만 더 참자"라며 자녀에 대한 투자를 거두지 못하는 사례를 많이 보았다.

그림 28에서 보이듯, 대부분의 가정에서 생활비의 50% 이상을 자녀교육비로 지출하고 있으며 2자녀 가정인 경우 69%를 사용하고 있다.

교육비 과다지출은 사회적 이슈인 대학등록금 문제와 결부되어 노후를 위한 자금마련에 가장 큰 걸림돌이 되고 있다. 이는 신용회복위원회에서 발표한 자료에서도 확인되는데, 신용불량자의 22%는 생활비나 병원비 때문이 아닌, 자녀교육비 때문에 신용불량자가 되었다고 응답하였다.

자녀교육은 노후준비에 앞서 당장 해결해야 할 가장 큰 문제이다. 부모의 소득수준과 삶의 다양한 이벤트를 고려해서 자녀교육의 정도를 결정해야 한다. 지금 지출하고 있는 교육비가 진정 자녀를 위한 것인지, 아니면 부모의 욕심인지, '다들 하니까 나도 하는' 것은 아닌지 깊이 성찰할 필요가 있다. 좋은 대학을 나오고 좋은 직장을 다니는 것이 삶의 정석은 아닐 것인데, 자녀의 꿈은 뒷전인 채 국영

● 그림 29 신용불량자들이 밝힌 '신용불량자'가 된 사유 ●

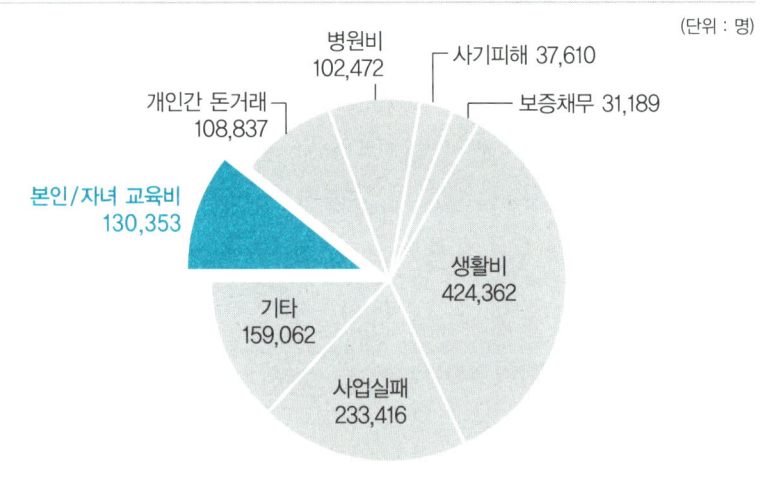

출처 : 신용회복위원회
조사대상 : 신용회복지원을 신청한 신용불량자 59만 9,031명

수에만 매달리게 하는 한국의 교육현실이 개탄스러울 따름이다.

허나 당장 자녀의 교육비를 줄이는 것이 불안하다면 자녀의 경제교육에 관심을 쏟아보는 것은 어떨까? 언제까지고 부모가 용돈을 줄 수는 없지 않은가? 스스로 경제적으로 자립할 수 있는 힘을 길러주는 것이 어느 때보다 중요한 시기이기 때문이다. 문맹보다 무서운 것이 돈맹이라는 말이 있듯, 금융지식의 중요성은 점점 커진다. 경제의 기본 지식도 익히면서 현명한 부자의 마인드를 어렸을 때부터 심어준다면 금상첨화일 것이다.

④ 지나치게 높은 부동산자산 비중

지금 당장 노후준비에서 제일 어려운 점은 앞서 살펴본 세 가지 요인보다 부동산 문제다. 한국에서는 집을 소유하고 있는 가정이든 아니든 재산의 70~80%는 부동산에 편중되어 있다. 게다가 베이비부머들은 어느 세대보다 부동산에 대한 집착이 강하기 때문에, 자산 리밸런싱의 당위성은 인정하면서도 실천하지 못하는 경우가 많다. OECD의 국가별 가계자산 구성비교를 보아도 부동산 비중이 한국은 76.8%로, 일본이나 프랑스, 캐나다, 미국 등에 비해 상당히 높은 수준이다.

● 표 18 국가별 가계자산구성 비교 ●

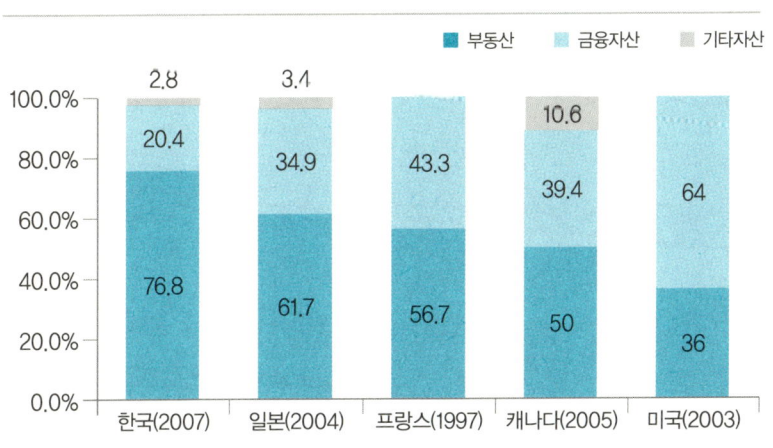

출처 : 통계청, OECD

재무설계에서는 자산비중을 결정하는 일이 가장 중요하다. 주식 비중이 높다면 주식을 팔아 현금화시키고 예금비중이 높다면 일부를 투자자산으로 옮기게 된다. 하지만 부동산의 경우, 일부를 현금화시켜 다른 자산으로 옮기기 어렵다. 집값이 싼 지역으로 이사하거나 집을 팔고 전세를 들어간다거나 하는 문제는 자녀들의 학교나 부모들의 생활권을 옮기는 문제와 결부되어 있기 때문이다. 그래도 등 비비고 살 집 하나는 있어야 불안하지 않다는 심리적인 요인과 자녀에게 집 한 채는 물려주고 가야 한다는 의무감에 역모기지론(주택보유자가 현재 거주하고 있는 자신의 집을 담보로 매월 일정금액을 연금처럼 받는 대출서비스. 부부가 모두 만 60세 이상으로 1가구 1주택 소유자가 신청가능하다. 대출을 해주는 금융기관은 부부가 사망하기 전까지는 계약해지를 할 수 없다. 월지급금 증가옵션, 감소옵션, 종신지급방식, 종신혼합방식 등으로 연금 수령이 가능하다. 더욱 자세한 사항은 한국주택금융공사 http://www.hf.go.kr에서 조회 가능하다. 만 65세가 2억 5천만 원 상당의 집을 담보로 역모기지론을 신청하면 종신까지 72만 원을 지급받을 수 있다. 단, 시뮬레이션 금액이므로 실제 월지급금은 달라질 수 있다)도 당장 효과적인 대안이 되지 못한다.

부동산 편중에서 더욱 심각한 점은 상당수가 부동산과 관련된 부채를 떠안고 있다는 점이다. 게다가 최근의 전세대란으로 재계약을 하기 위해서는 돈을 빌릴 수밖에 없는 구조가 되어버렸다. 강남불패신화가 무너지든 유지되든, 현재의 주택가격과 전세대란은 자산

포트폴리오의 불균형을 심화시키고 있다. 자산관리 컨설팅을 하는 사람으로서 더욱 안타까운 점은 부동산 이슈가 빠른 시일 내에 해결될 것 같지는 않다는 것이다.

⑤ 잘못된 습관

우리는 생각보다 오래 살고, 저금리 시대에는 복리의 효과가 마법을 부리지 못한다. 게다가 자녀교육에 쓰는 돈은 점점 늘어나며 대학등록금은 하늘 높은 줄 모르고 치솟는다. 서울에서 아파트 전세를 살기 위해서는 대출을 받아야 겨우 가능하니, 자산의 대부분은 부동산에 편중될 수밖에 없다.

앞서 이야기한 네 가지 은퇴 장애물을 열거해놓고 보니 참 살기 힘든 세상이라는 생각이 든다. 아무리 열심히 뛰어도 따라잡기는커녕 늘 쫓아가야만 하는 쳇바퀴같이 느껴진다. 그렇다고 한탄만 늘어놓고 세상을 향해 비난만 퍼부으며 살 순 없지 않은가! 이렇게 어려운 세상에도 우리는 모두 행복하게 은퇴할 수 있는 기반이 있다. 다만, 깨닫지 못했을 뿐.

행복한 은퇴를 방해하는 마지막 요인이자 근본 원인은 잘못된 습관에서 비롯한다. 세 살 버릇 여든 간다는 이야기는 투자와 소비습관에도 정확히 들어맞는다.

자산관리 컨설팅을 하다 보면 자연스럽게 상당히 다양한 직업과 소득을 가진 분들을 만나게 된다. 재작년에 인연을 맺게 된 30대 중반의 평범한 직장인 여성 고객의 경우, 월 소득이 160만 원이 채 안 되었지만 매월 90만 원을 저축하여 총자산이 7천만 원 이상이었다. 그렇다고 이 고객이 구두쇠처럼 생활하는 것은 절대 아니었다. 자신의 소득범위 내에서 계획적인 지출을 하는 것이 몸에 배어 있었다. 투자와 저축도 본인이 감내할 수 있는 위험선을 넘지 않았기 때문에 컨설팅을 하면서 조언드릴 것이 별로 없었던 고객이라 기억에 남는다.

하지만, 월 소득 2천만 원이 넘는 40대 치과의사의 경우는 순부채가 억대가 넘었다. 이 고객의 경우 무리한 병원확장과 과도한 소비로 최근 부채가 많이 증가하였고, 묻지마 주식투자로 상당한 손해를 보았기 때문이다. 그래서 최우선적으로는 부채에 대한 이자와 필수 생활비를 제외하고, 다른 부채를 줄여나가라고 조언해드렸다.

행복한 은퇴를 방해하는 네 가지 요인을 뛰어넘을 수 있는 한 가지는 바로 자기 자신이다. 시작이 반이라고 했던가! 당장 지금부터 시작해보자.

TIP

자녀를 위한
올바른 금융교육법

신과장은 '자녀는 부채다'라고 생각하는 사람 중 한 명이다. 앞으로 자녀에게 들어갈 돈이 적어도 2억 원은 되는데 이를 어떻게 마련해야 할지 막막하다며, 빚처럼 느껴진다는 것이다.

자녀는 부채이다. 만약, 사신의 자녀가 소득을 생각지 않고 명품만 사들인다거나, 아무 개념 없이 신용카드 현금서비스를 사용한다면 이 부채는 눈덩이처럼 불어날 것이다.

이런 사태를 미연에 방지하는 방법은 자녀에게 올바른 금융교육을 시키는 것이다. 제대로 교육이 된다면 부채가 자산으로 돌변할 수도 있으리라!

● **첫째, 돼지저금통을 활용하라!**

　자녀가 어리다면, 아직 이자나 투자수익에 대한 개념이 없을 것이다. 그러면 돼지저금통을 활용하면 된다. 적어도 세 개의 돼지저금통을 만드는 것이 좋다. 각 저금통에는 '착한 일', '공부', '주변용돈' 등의 이름표를 붙여둔다. 집안일을 도왔다거나 심부름을 해서 받은 용돈은 '착한 일' 저금통에, 숙제를 잘해서 받은 용돈은 '공부' 저금통에, 친척이나 지인이 준 용돈은 '주변용돈' 저금통에 직접 저금하는 습관을 들이게 하는 것이다.

　이런 방법은 어렸을 때부터 자신의 노력이 가치를 창출한다는 것을 깨우쳐줄 수 있다. 게다가 자녀가 사고 싶어 하는 것은 이 저금통에 모인 돈으로 해결하도록 유도한다면 올바른 소비습관을 가질 수 있을 것이다.

● **둘째, 자녀명의의 은행통장과 적립식 펀드를 만들어라!**

　이것은 첫 번째 방법인 돼지저금통을 금융회사로 옮긴 것이다. 이자나 투자수익에 대한 자연스러운 이해가 생길 것이다.

● **셋째, 아빠의 역할이 중요하다!**

통장정리를 하면 이자나 투자수익이 찍혀 있을 것이다. 그때 이에 대한 설명을 잘 해주어야 한다. 한국은행 경제교육 홈페이지에 자녀의 연령별 투자교육자료가 상당히 많다. 이 자료를 활용하여 자녀와 함께 공부해보는 것은 어떨까?

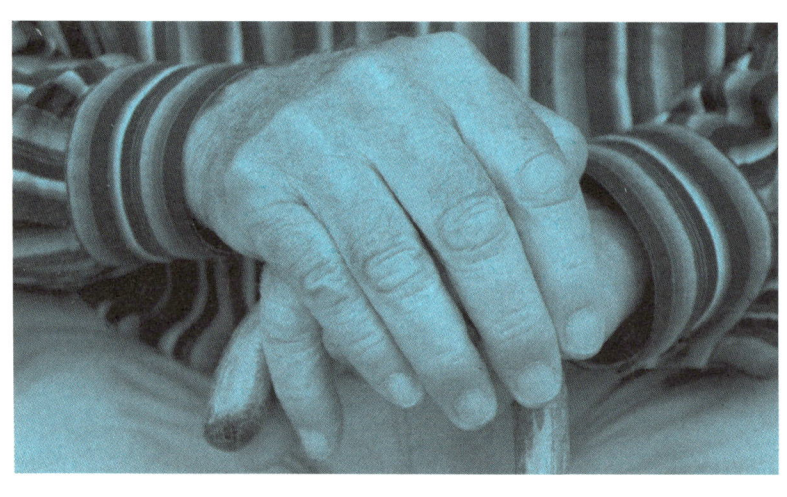

Chapter 04

노후생활
핵심 지킴이 3층 연금 :
국민연금, 퇴직연금, 개인연금

- 행복한 노후설계를 위한 필수조건 3층 보장제도
- 노후의 기초를 책임지는 국민연금
- 퇴직금보다 퇴직연금
- 노후준비의 종착역, 개인연금
- 행복한 은퇴를 위한 다섯 가지 원칙

행복한 노후설계를 위한 필수조건
3층 보장제도

현재 소득 중에 일부는 미래를 위해 남겨두겠다고 결심이 서 있다면 가장 좋은 방법은 연금상품에 가입하는 것이다. 연금상품은 '미래의 나'를 위해 미리 돈을 송금하는 것이기 때문이다. 누구나 한번쯤은 들어봤을 '국민연금'도 연금상품이며, 직장 다니는 분들은 최근 회사에서 DB형이네 DC형이네 하며 설명회를 여는 '퇴직연금'도 연금상품이다. 주변에 보험회사에 다니는 분이 있다면 반드시 권유받아보았을, 통상적으로 '변액'이라 불리는 '변액 유니버셜'도 연금상품이다. 이렇게 시장에는 연금상품이 다양하게 나와 있다. 그러면 지금부터 다양한 연금상품의 특징과 무엇을 어떻게 가입해야 할지에 대해 알아보자.

3층 보장제도란

흔히 국민연금, 퇴직연금, 개인연금을 '3층 보장제도(Three Layers of Protection System)'라고 한다.

● **그림 30 국가-기업-개인의 3층 보장제도** ●

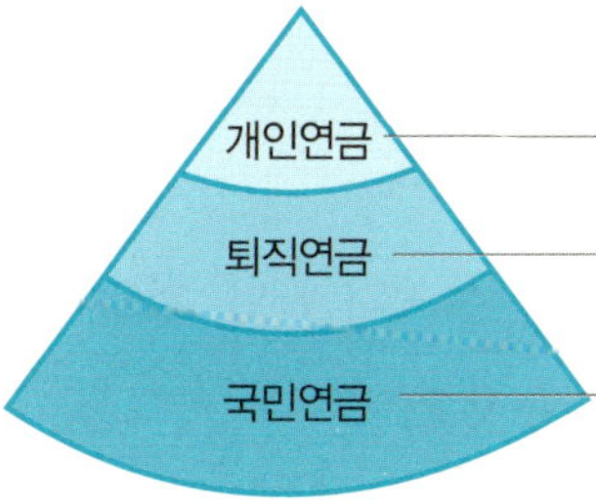

주제	내용	목적
개인	개인연금	여유있는 생활
기업	퇴직연금	표준적인 생활
국가	국민연금	기본적인 생활

우선 3층의 가장 아랫단을 구성하고 있는 부분은 국가 차원에서 실시하고 있는 연금제도를 말한다. 국민연금처럼 정부가 주체가 되어 국민들의 기초적인 의식주를 보장하는 공적인 제도이다.

한국은 노령화의 속도가 세계에서 제일 빠른 나라이다. 그래서 국민연금의 수령개시연령은 점점 늦어질 것이고 금액은 점점 줄어들 것이며 젊은 세대들의 세금부담은 늘어날 수밖에 없다.

이를 두고 일각에서는 국민연금은 결국 파산할 것이기 때문에 이민이라도 가서 이미 납입한 국민연금을 받아야 한다는 과격한 주장도 나오고 있다. 이런 급진적인 주장은 국민연금이 3층 보장제도에서 의식주와 같이 노후생활의 가장 기초적인 부분을 책임지는 것이라는 점을 망각했기 때문에 나온 게 아닌가 싶다. 또한 국민연금은 법에 의해 국가가 지급을 보장하기 때문에 설령 기금이 고갈되더라도 연금은 반드시 지급된다. 아무리 높은 건물도 기초가 튼튼해야 하듯, 국민연금이 튼튼할수록 3층 보장제도가 빛을 발하게 된다.

두 번째 층은 기업이 주체가 되어 연금을 조성하는 것으로, 퇴직연금이 대표적이다. 2005년에 퇴직연금법이 개정되어 종업원에게 퇴직금이 아닌 퇴직연금을 주도록 바뀌었다.

퇴직금과 퇴직연금은 한 글자 차이지만 큰 차이가 있다. 과거에는 다니던 회사가 도산하는 경우 퇴직금을 못 받는 경우가 허다했다. 하지만, 퇴직연금으로 전환하게 되면 기업은 금융기관에 퇴직금을 맡기기 때문에 사업장이 도산하는 것과는 별도로 퇴직금은 안전하게 보관된다.

마지막으로 세 번째 층은 개인이 주체가 되어 노후생활을 준비하는 것이다. 개인연금상품으로는 개인연금, 변액유니버셜 등 다양한 상품이 있다.

요약하자면 3층 보장제도의 첫 번째 층은 정부가 주체가 되어 노후생활의 기초적인 의식주 생활을 보장하는 것이고, 두 번째와 세 번째 층은 노후생활을 풍요로운 수준으로 향상시키기 위한 보완적인 수단이다. 대부분의 나라들은 '국가보장-기업보장-개인보장'의

3층 보장제도를 확립하고 있다.

 하지만 이런 3층 보장제도가 처음부터 자리잡았던 것은 아니다. 과거 서구의 여러 국가는 1층 국민연금만으로 국민의 노후소득을 어느 정도 보장하려 했다.

 실례로 제2차 세계대전 후 영국 노동당은 사회보장제도의 완벽한 실시를 주장하며 "요람에서 무덤까지(from the cradle to the grave) 국가가 책임진다"라고 강조하였다. 출생한 순간부터 사망하는 순간까지 모든 국민의 최저생활을 국가가 보장해 국민의 불안을 해소하겠다는 것은 세계 모든 선진국의 최고 목표이자 이상이었던 것이다. 그러나 이런 시도는 사회보장에 과도하게 기대어 일하지 않는 풍조가 만연하고 늘어나는 수명으로 정부 지출이 천문학적으로 증가하면서 빛이 바랬다.

 세계은행은 1994년 '노년 위기의 모면(The Averting Old-age Crisis)' 이라는 보고서를 통해 연금의 3층 체계를 본격적으로 알리기 시작했다. 특히 세계은행은 각국에서 시행하는 공적연금의 취약성을 지적하고, 이를 해소하기 위해 사적연금(기업·개인연금)을 발전시켜 공·사연금 다층체계화(multi-pillar system)를 구축해야 한다고 역설했다.

 외국의 전문가들은 은퇴 후 필요한 노후자금은 자신의 최종소득이나 근로기간 중 평균소득의 70%가 되어야 한다고 조언한다. 예를 들어 은퇴 전 평균소득이 500만 원이었다면 은퇴 후엔 매월 350

만 원의 소득을 확보해야 한다. 그래야만 은퇴 전과 은퇴 후의 생활에 급격한 변화 없이 품위 있는 노후생활을 즐길 수 있다.

은퇴 이후 소득은 국민연금에서 30~40%, 퇴직연금에서 20~30%, 개인연금으로 나머지 부분을 충당하도록 구성하는 것이 바람직하다.

지금부터 이 세 가지 연금의 현황과 특징을 알아보고, 이를 통해 행복한 노후설계의 발판을 마련하는 시간을 가져보자.

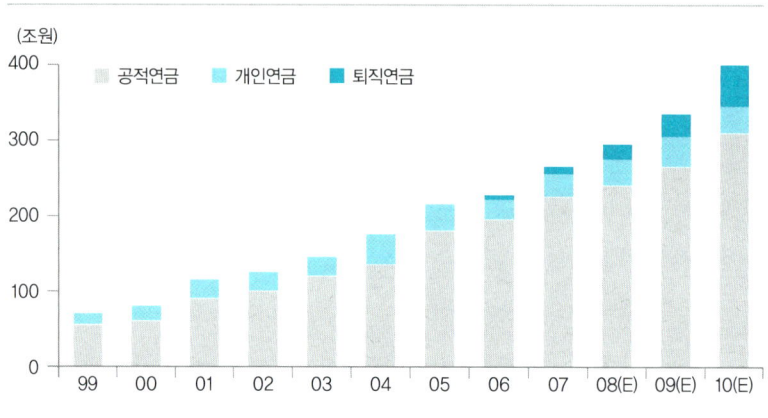

그림 31 국내 연금시장

출처 : 하나금융연구원

노후의 기초를 책임지는 국민연금

2010년 9월 프랑스 주요도시에서 연금개혁법에 반대하는 대규모 시위가 일어났다. 개혁의 주요내용은 연금 수혜 혜택을 종전 65세에서 67세로 늦추고 정년을 60세에서 62세로 연장하는 것이었다. 이 시위에는 국영기업과 민영기업의 노동자들뿐만 아니라 학생들도 대거 참여해 눈길을 끌었다. 유럽의 대통령 선거에 있어서 당락을 결정짓는 큰 요인 중 하나는 바로 연금문제에 관한 공약이다. '요람에서 무덤까지'라는 슬로건이 사라진 지금 공적연금은 유럽에서 가장 뜨거운 감자다.

한국도 이런 상황은 마찬가지다. 국민연금은 2007년에 200조 원을 돌파하였고 2010년에는 300조 원을 돌파하였다. 국민연금 관리공단에 의하면 2043년에는 규모가 2,465조 원으로 최고치에 다다를 것이라고 추산한다. 아래의 표 19에도 나와 있듯 2043년 이후 재원은 점차 줄어들어 2060년에는 고갈될 것이라고 예상된다. 이는 고령화사회로 접어들면서 연금을 불입하는 사람보다 수혜자가 많아지는 상황이 가속되기 때문이다. 이런 상황을 타개하기 위해서는 많이 내고 적게 받는 방향으로의 개혁이 불가피하다. 그래서 각종 수단을 동원하여 국민연금의 가입을 피하거나 연기하려는 사람들도 적지 않다.

국민연금관리공단은 현재 국민연금 납부 중인 베이비부머 370만 명의 예상연금수령액을 분석하여 발표하였다. 베이비부머 중 평균 수준은 부산에 거주하고 있는 62년생(만49세) 이씨로 지금까지 10년 8개월 분(128개월 분)의 연금보험료를 납부하였다. 현재는 168만 원의 월 소득을 신고하여 매월 15만 1,200원의 보험료를 납부하고 있

● 표 19 국민연금 기금규모 2008년 추계 ●

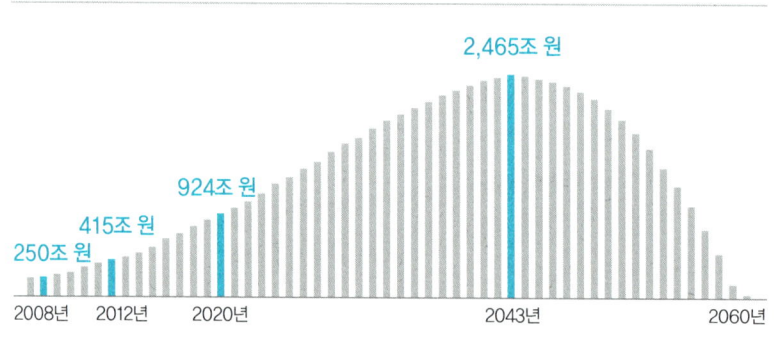

출처 : 국민연금관리공단

다. 그가 60세까지 국민연금을 납부한다면 63세부터 매월 45만 8천 원의 연금을 받게 된다. 베이비부머의 평균 국민연금수령액이 46만 원이니 이 세대의 노후준비가 얼마나 부족한지 알 수 있다.

공단에서는 연금을 가장 많이 받는 사람의 경우도 소개하였는데 그는 63년생(만48세) 김씨로, 1988년 국민연금제도 시행 시부터 한 번도 거르지 않고 23년 10개월 동안 연금보험료를 납부하였다. 그는 현재 375만 원의 월 소득을 신고하여 매월 33만 7,500원의 연금보험료를 납부하고 있다. 그가 60세까지 납부하면 63세부터는 매월 160만 8천 원의 연금을 받게 된다. 김씨는 은퇴 후 필요한 자금의 절반 정도를 국민연금에서 확보하게 되니 퇴직연금과 개인연금의 부담이 줄어들고 여유 있는 노후생활을 즐길 수 있을 것이다.

국민연금, 어떻게 해야 하나?

신문지상에 국민연금이 투자를 잘못해서 많은 손실을 입었다거나, 물가상승률도 미치지 못하는 수익률로 재원 고갈이 눈앞에 있다는 등의 자극적인 기사가 가끔 게재된다. 그래서 대부분의 사람들이 국민연금에 대해 곱지 않은 시선을 가지고 있는 것도 사실이다.

하지만 국민연금은 앞서 언급했던 3층 보장제도의 가장 근간을 이루고 있는 연금이다. 따라서 지금 국민연금을 가입하고 있다면 이를 지속하여야 하며 어떤 이유에서였건 납입을 중지하고 있다면 재가입이 필요하다. 왜냐하면 국민연금은 퇴직연금이나 개인연금과 달리 물가 상승이 반영된 실질가치를 보장해주기 때문이다. 즉, 연금지급액은 물가상승률을 감안하여 상승하게 된다. 물론, 물가가 하락하는 경우에는 그 반대이다.

서울지하철 1호선이 맨 처음 개통된 1974년에는 기본구간 요금이 30원이었다. 지금의 물가수준으로 생각하면 30원으로 지하철을 탈 수 있다는 것이 신기하다. 마찬가지로 2050년에는 '어떻게 지하철을 1,100원으로 탈수 있지?' 라고 생각할 것이다. 이처럼 물가가 오르면서 돈의 가치는 자연스럽게 떨어진다. 지금은 매월 100만 원으로 생활할 수 있을지 모르나 40년 뒤에는 마트에서 시장 한 번 보기도 벅찬 돈이 되어버릴 것이다. 하지만 이런 일이 발생하더라도 국민연금은 화폐의 실질가치를 보장해주기 때문에 든든한 버팀목이 된다.

다음의 그림 32에서처럼 A씨는 국민연금 100만 원을, B씨는 개인연금 100만 원을 수령한다고 가정해보자. 처음에는 그 금액이 크게 차이 나지 않겠지만, 30년 후에는 국민연금을 받는 A씨는 271만 원을 수령하는 반면 B씨는 연금개시 시점부터 받았던 100만 원을

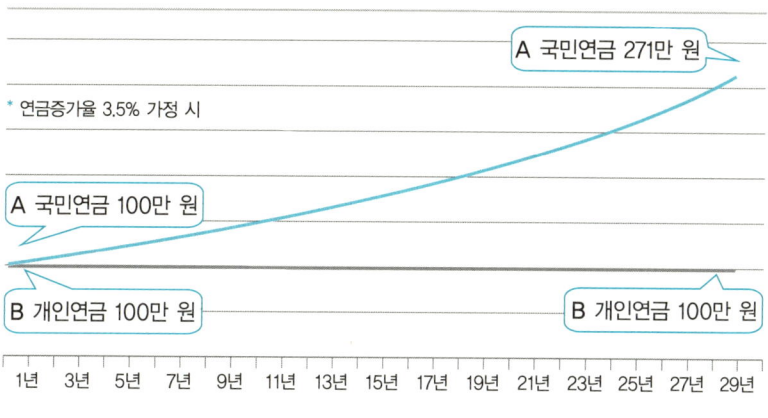

● 그림 32 **국민연금과 개인연금 수령액 비교** ●

그대로 받게 된다. 강산이 세 번 바뀌는 동안 화폐의 가치가 얼마나 떨어졌을지 상상해보면 국민연금이 노후생활의 기본이라는 의미를 금방 깨닫게 될 것이다. 국가가 연금지급을 보장해주는 안전함까지 생각해본다면 국민연금이 백해무익이라는 생각은 버리게 되지 않을까?

소득을 재분배하는 국민연금

선진국에서는 '노블리스 오블리제'의 정신을 실천하는 것이

미덕이 아니라 의무처럼 생각된다. 빌 게이츠나 워렌 버핏 같은 세계적인 부호들도 거대한 금액을 사회로 환원하였고, 이런 행동들이 사회적인 상식으로 받아들여졌다. 그런 측면에서 볼 때 사회환원에 인색했던 스티브 잡스는 뭇 대중들의 질타를 받았다.

안타깝지만 한국에서는 아직 기부문화가 정착되지 않았다. 그래서 안철수 원장이 주식의 절반을 사회에 환원하겠다고 하였을 때 정치적인 행보라 해석하는 시각이 많았는지도 모르겠다.

많은 재산을 가진 사람들만이 사회환원을 할 수 있는 것은 아니다. 우리도 할 수 있다. 바로 국민연금을 통한 사회환원이다. 국민연금은 우리 모두가 우리의 후대를 위해 좋은 사회를 물려줄 수 있는 가장 기본적인 발걸음이다. 자기 자식에게 엄청난 재산을 물려줬다 한들, 그 자녀가 살아가는 사회가 많은 문제를 안고 있다면 과연 행복하게 살 수 있을까?

소득수준에 따라 국민연금을 많이 낼 수도, 적게 낼 수도, 혹은 안 낼 수도 있으나 사회구성원 모두가 적립하여 만든 것이 국민연금이다. 그리고 이 혜택은 국민연금을 납부한 사람뿐만 아니라 극빈층, 장애인, 독거노인 등 모두에게 돌아간다. 그러니 국민연금을 내는 만큼 못 받는다고 아까워하지 말고, 국민연금을 낼 여유가 있는 것에 감사하고 모두가 살기 좋은 사회를 만드는 데 이바지한다고 생각하면 어떨까?

퇴직금보다
퇴직연금

'절대로 건드리지 말아야 할 것 중 하나는 아버지의 퇴직금'이라는 광고 카피가 있다. 퇴직한 직장인들이 가장 많이 하는 것이 개인사업체를 꾸리는 일이다. 하지만 퇴직금으로는 변변한 가게 하나 얻지 못하는 것이 태반이며, 겨우겨우 장사를 시작했다고 해도 실패하는 경우가 많다.

대한상공회의소에 따르면 자영업의 80.2%가 생계유지를 위해 창업을 한다고 한다. 하지만 창업준비 기간이 6개월 미만인 경우가 60% 이상이고 창업정보는 주변의 지인을 통해 얻는 경우가 40%가 넘는다고 한다. 준비가 부족하고 비전문적인 정보채널에 의지한 창업의 결과가 어떨지는 굳이 이야기하지 않아도 짐작할 수 있을 것이다. 창업 애로사항으로는 자금문제가 54%를 차지하였고, 창업을 하였더라도 21%는 자금부족으로 경영 애로사항을 겪는다고 답하였다.

퇴직금으로 한 번 실패했다고 해서 두 번 다시 기회가 없는 것은 아니지만, 자본이 열악하기 때문에 재기하기도 쉽지 않다. 그래서 퇴직금을 건드리지 말아야 할 사자의 코털에 비유했는지도 모르겠다.

401K라고 불리는 미국의 퇴직연금은 1981년 시행되었다. 1974년에 시작한 연금제도가 지급불능의 위기에 빠지자 이에 대한 타개책으로 도입한 제도이다. 근로자가 401K에 가입하면 회사와 근로자가 월급 중 일부를 갹출하여 개인이 직접 투자상품을 고르고 은퇴 이후에 연금으로 받는 제도이다.

30여 년이 지난 지금 401K는 영화의 주요 소재로 등장할 만큼 미국인에게는 친숙한 개념이다. 죽을 위기에서도 늘 살아나는 불멸의 주인공 브루스 윌리스 주연의 《다이하드4.0》에 401K가 등장한다. 정부에 불만을 품은 전 정부요원은 미국을 장악하려는 음모를 꾸며 국가의 네트워크를 손에 쥐었다. 디지털 테러에 교통, 통신, 방송, 금융 등 국가의 모든 기간시설이 초토화되고 도시는 칠흑 같은 어둠으로 뒤덮이고 교통지옥이 된다. 이 사건을 맡은 형사 존 매클레인(브루스 윌리스 분)은 천재적인 두뇌의 테러리스트에 맞서 죽을 뻔한 고비를 몇 번이나 넘기면서 그들의 음모를 무마시킨다. 예상치 못한 반격에 디지털 테러리스트는 존 매클레인의 401K 적립계좌를

순식간에 '깡통'으로 만들며 협박한다.

401K가 처음부터 활성화되었던 것은 아니다. 미국은 401K를 활성화하기 위해서 소득공제와 투자수익에 대한 비과세 등 각종 세제혜택을 부여하였다. 이와 같은 세제혜택에 힘입어 401K는 주가지수를 700포인트(1975년 기준)부터 최근 13,000포인트까지(2012년 2월 기준) 무려 18배(연평균 수익률 8.4%)나 상승시키는 데 가장 결정적인 역할을 하였다.

● 그림 20 **미국 다우존스 지수(1930년~2012년)** ●

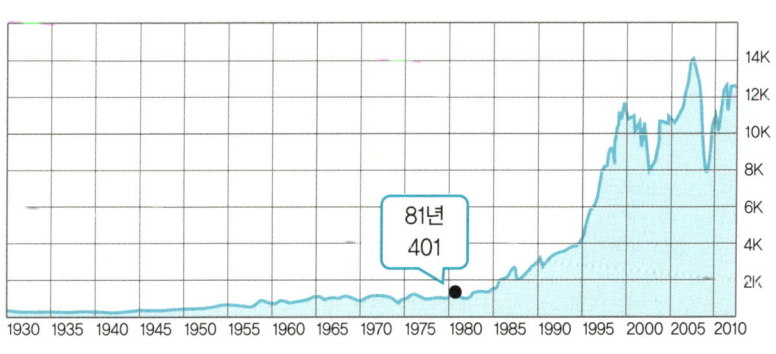

Jan 1981 : ^ DJI 1003.87

한편, 우리나라의 경우 퇴직연금은 아직 도입 초기단계에 있다. 2005년부터 퇴직연금제도가 도입되었고 사업장에서는 퇴직금이나 퇴직연금 중에 하나를 선택하여 운영 여부를 선택할 수 있다. 다만 새롭게 설립되는 사업장은 1년 이내에 퇴직연금제도를 의무화하고

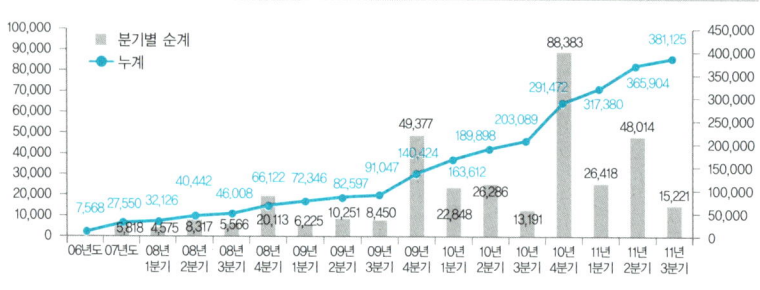

● 그림 34 **퇴직연금 적립금 추이** ●

출처 : 고용노동부

있다. 2011년 11월 기준으로 전체 상용근로자의 33.1%가 퇴직연금에 가입하고 있으며 이 추세는 점점 늘어날 전망이다.

    기존의 퇴직금제도는 많은 문제점이 있었다. 사업장이 도산하면 퇴직금을 받을 수 없는 경우가 많았다. 2008년 기준으로 체불 퇴직금 총액이 3,563억 원에 달하는 것을 보면 얼마나 많은 사람들이 퇴직금을 못 받았는지 짐작 가능할 것이다. 또한, 회사를 옮기면 퇴직금을 중간정산하기 때문에 노후생활을 위한 준비자금이 생활비로 쓰이는 경우가 허다했다.

    국내 퇴직금 제도가 본격적으로 비판의 도마에 오른 것은 1997년 외환위기 때였다. IMF(국제통화기금)는 한국 정부에 사회 안전망을 강화할 것을 요구하면서, 기업연금을 도입할 것을 권고했다. 이에 정부는 2000년부터 기업연금을 도입하기 위한 준비작업에 착수하

● 그림 35 **퇴직연금과 퇴직금의 차이** ●

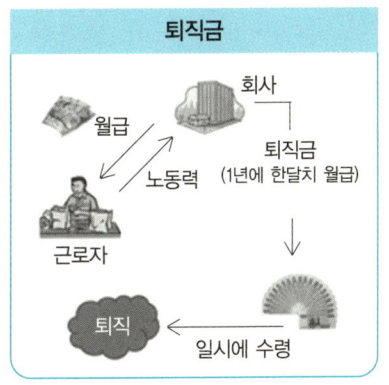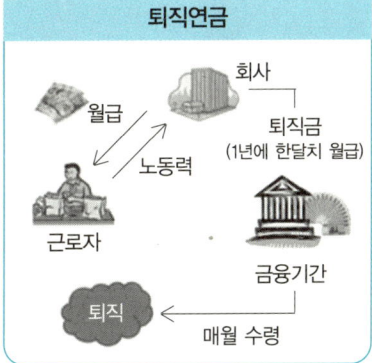

였고, 현재의 퇴직연금제도가 마련된 것이다. 앞으로 퇴직연금은 좀 더 풍요로운 노후생활을 즐길 수 있는 해결책으로 자리매김할 것으로 기대되고 있다.

퇴직연금 가입, DB형과 DC형

노후생활의 기본적인 의식주를 해결하는 국민연금은 매월 소득에 따라 납입하는 금액이 정해져 있으니 별다른 고민 없이 제때 납부하기만 하면 된다. 그러나 퇴직연금을 가입하기 위해서는 기초지식이 필요하다.

먼저 퇴직연금의 '급여'와 '기여'의 개념을 알아야 DB형과 DC형을 이해할 수 있다. '급여'란 영어로는 benefit, 즉 내가 미래에 받을 혜택을 의미하고 '기여'는 영어로 contribution, 즉 내가 퇴직연금에 불입하는 돈을 의미한다(이해를 돕기 위해 표현한 것일 뿐 퇴직연금을 실제로 내가 금융기관에 납입하는 것은 아니다. 실제로 부담금은 사용자, 즉 회사에서 자산관리기관으로 납입한다. 하지만 퇴직금도 월급의 일부라고 확대 해석한다면 직접적이지는 않지만 내가 납입하는 것과 다름없다고 할 수 있다). 우리나라 퇴직연금제도가 미국의 제도를 벤치마크하다 보니 사용되는 단어들이 어색한 것은 사실이다. 급여는 '받는 돈', 기여는 '내는 돈'이라고 생각하면 쉽게 이해될 것이다.

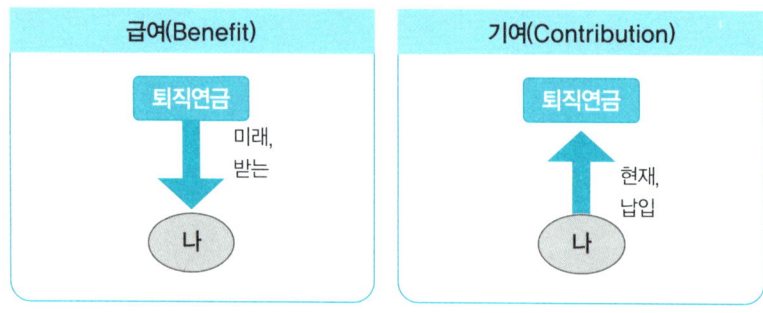

● 그림 36 **퇴직연금의 급여와 기여의 개념** ●

마지막으로 '확정'이라는 개념이 있다. 이는 영어로는 defined인데, '고정된'이라고 해석하면 퇴직연금의 두 가지 형태가 금방 이해될 것이다. 확정급여형(Defined Benefit, DB형)은 '고정된'(확정) '받는 돈'(급여)이며 확정기여형(Defined Contribution)은 '고정된'(확정) '내는 돈'(기여)이다.

한쪽은 받는 돈이 한쪽은 내는 돈이 고정되어 있다는 차이가 있는데 '왜 이렇게 복잡하게 제도를 만들어두었을까?' 하는 의구심이 들 수도 있다. 이런 '고정된'의 개념이 나오는 이유는 퇴직연금이 주식이나 채권 등으로 운용되는 투자상품이기 때문이다. 퇴직연금을 운용해서 수익이 발생하든 손실이 발생하든 내가 받는 돈이 미리 정해져 있는 것이 DB형이고, 운용수익률에 따라 내가 받는 돈이 변할 수 있는 것이 DC형이다.

● 그림 37 **퇴직연금 운용수익의 경우** ●

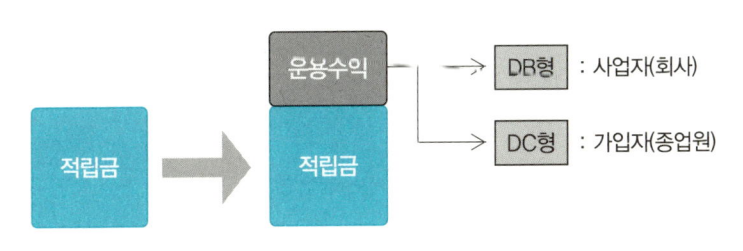

* 퇴직연금 운용수익이 높은 경우

퇴직연금이 운용을 잘해서 창출한 운용수익은 DB형의 경우 사업자(회사)에게, DC형의 경우 가입자(종업원)에게 유리하다. DB형 가

● 표 20 **퇴직연금 DB형, DC형 가입 가이드** ●

	DB형(확정급여형) -'고정된 받는 돈'	DC형(확정기여형) -'고정된 내는 돈'
투자성향	보수적인 성향	공격적인 성향
향후 월급인상률	높은 편이다	낮은 편이다 유동적이고 깎일 수도 있다
직업의 특징	안정적인 직업	프리랜서, 연봉직
주식형 펀드 투자경험	전혀 없다	투자경험이 많다
회사의 재무구조	튼튼함*	그리 튼튼하지 않음
향후 주식시장에 대한 outlook	코스피 2,000 포인트 내외의 등락을 반복할 것이다	대세상승할 것이다

* DB형의 경우, 사업장이 적립금을 60%까지 사외에 적립해야 한다. 즉, 40%는 사내보유라 할 수 있다. 사업장이 망하는 최악의 경우 퇴직적립금의 40%를 지급받지 못할 위험이 존재하는 것이다. 그러나 DC형은 적립금의 100%를 사외에 적립하기 때문에 근로자의 수급권이 보장된다.

입자는 이미 미래에 받을 금액이 정해져 있기 때문에 운용수익과는 무관하다는 점을 상기해보면 알 수 있을 것이다. 반대로 퇴직연금의 운용으로 손실이 난 경우에는 DB형은 사업자가, DC형은 가입자가 손실을 감내해야 한다. 그러므로 운용손실을 감내할 수 있다면 DC형을, 아니라면 DB형을 가입하는 것이 무난한 선택법이다.

한국에서는 2011년 11월말 현재 DB형이 72.5%로, 근로자 네 명 중 세 명이 안전하게 퇴직금을 받는 쪽을 선택했다. 그런데 미국은 DC형이 대세이다. 미국도 처음에는 DB형이 대세였으나 90년대 중반 이후 DC형의 자산규모가 DB형을 앞질렀다. 경영환경이 급변하면서 도산하는 기업도 늘어나고, 근로자가 자주 이직을 하면서 벌어진 현상이다.

우리보다 한참 앞선 1966년 퇴직연금제도를 도입한 일본의 경우 처음에는 DC형 없이 DB형만 있었다. DC형은 2001년 도입되어 DB형에 비해 역사가 훨씬 짧지만 장기불황과 제로금리에 시달리는 일본 근로자들은 DC형을 채택하는 비율이 높다.

● 표 21 퇴직금 / 퇴직연금(DB형 / DC형) 비교표 ●

구분	퇴직금제도	퇴직연금제도	
		확정급여형(DB)	확정기여형(DC)
개념	• 근로사가 상당기간을 근속하고 퇴직할 경우 사용자가 근로자에게 일시금을 지급하는 퇴직급여제도	• 노사가 사전에 퇴직 시 연금급여를 획정하는 퇴직급여제도 • 근로자가 일정한 연령에 도달하면 사전 확정한 급여를 지급	• 기업의 부담금을 사전에 확정한 후 근로자의 적립금운용실적에 따라 연금급여를 지급하는 퇴직급여제도
부담금 주체	기업	기업	기업(근로자의 추가 부담 가능)
근거법	근로기준법	근로자 퇴직급여 보장법	
급여형태	일시금	연금 또는 일시금	
급여수준	• 계속근로년수 1년에 대하여 30일분 이상의 평균임금	• 정해진 급여 공식에 따라 사전적으로 정해짐	• 연간 임금총액의 적립금운용결과에 따라 근로자별로 다름
적립금 운용 및 책임	기업	기업	근로자
부담수준 (사용자)	–	–	연간 임금총액의 1/2 이상

아직 우리나라는 DB형이 대세이지만 전체 기업의 40%가 연봉제를 시행하고 있고 이직률이 점차 높아지는 추세여서 DC형으로 옮겨가는 경우가 많아지리라 예상한다.

개인 퇴직계좌
IRA란?

IRA는 Individual Retirement Account의 약자로, 개인퇴직계좌이다. 앞서서 퇴직금의 단점으로 이직이나 중간정산 시 퇴직금이 노후준비자금으로 사용되지 못한다는 점을 꼽았다. 그럴 때는 IRA를 활용해보자. 아직 직장에서 퇴직연금제도를 도입하지 않았거나, 자영업자이거나, 프리랜서처럼 퇴직연금가입이 쉽지 않은 경우에도 유용하다.

IRA의 가장 큰 장점은 해지하기가 쉽지 않다는 점이다. 한번 IRA에 넣어두면 인출하기 어렵도록 강제성을 두기 때문에 퇴직금 성격의 자금을 당연히 노후대비용으로 사용할 수 있게 하는 것이다. 만 55세 이전까지는 중도해지가 상당히 까다롭지만 주택구입이나 가족의 요양 등 목돈이 필요한 경우는 예외적으로 중도인출이 가능하다.

물론 가입하는 것도 쉽지 않다. 퇴직금을 받기로 한 날 혹은 퇴직금의 80% 이상을 받은 날로부터 60일 이내에만 가입이 가능하다. 이렇게 까다로운 IRA이지만 세금혜택은 매력적이다. 퇴직금을 받게 되면 퇴직소득세(8%~35%)를 내야 하는데 IRA에 가입하면 가입 당시에 세금을 내지 않고, 추후 인출 때까지 이연(기한이 도래하여도 결제하지 않고 실질적으로 기한을 연장해가는 것)된다. 또한 운용기간 중 발생하는 이자나 배당도 인출시점까지 이연되며, 이자소득세보다 낮은 퇴직소득세가 적용된다.

IRA는 퇴직연금 DC형처럼 운용수익에 따라 받는 돈이 달라진다. 퇴직연금에서도 DB형이 대세였듯, 대부분의 IRA 가입자는 원금보장형을 선택하는 경향이 있다.

노후준비의 종착역, 개인연금

국민연금과 퇴직연금은 강제적인 성격이 있기 때문에 적극적으로 노후준비를 한다고 보기는 어렵다. 개인연금은 순수하게 개인의 선택으로 가입하는 상품이므로 '노후준비'라고 하면 '개인연금'이 떠오르게 마련이다.

자산관리 컨설팅을 하다 보면 여러 질문을 하게 되는데, 그중에 핵심 질문은 '어떻게 노후를 준비하고 계신가요?'이다. 이런 질문에는 매우 다양한 대답이 나오는데 40대 후반에 접어든 고객들의 상당수가 이런 말씀들을 한다.

"아들이 둘이나 있는데 노후준비 다 한 거 아닌가?"

"국민연금도 있고 퇴직금도 좀 나올 거고, 보험도 한두 개 있고!"

그러나 국민연금은 점점 많이 내고 적게 받는 식으로 개혁이 될 것이며, 연봉제 도입 등으로 퇴직금 중간정산을 한 경우라면 이 또한 노후생활을 책임질 수 있을 만큼의 돈이 되지는 않을 것이다. 물론, 이 두 가지로 기본적인 생활은 영위할 수 있으나 은퇴 이전의 생활수준을 유지하고 싶다면, 국가와 기업이 보장해주는 2단계의 연금으로는 부족할 것이다.

3층 보장제도의 마지막인 개인연금은 풍족한 노후를 위해 준비하는 것이다. 국민연금과 기업연금으로 은퇴 전 소득의 70%가 충족된다면 개인연금은 필요 없겠지만, 대부분의 경우 이 두 가지 연금으로는 은퇴 전 소득의 40%에도 미치지 못할 것이다. 개인연금으로 부족한 부분을 채워 은퇴 전후의 생활수준이 크게 변하지 않도록 하는 것이 중요하다.

연금 삼총사 :
연금저축신탁, 연금저축보험, 연금저축펀드

개인연금상품은 금융권마다 다양한 형태로 만들어져 있다. 은행의 연금저축신탁, 보험사의 연금저축보험, 자산운용사의 연금저축펀드가 대표적인 개인연금상품이다. 요즘은 금융권의 벽이 많이 허물어진 상태라서 은행에서도 펀드나 보험 가입이 가능하기 때문에 상품을 구분하는 것이 쉽지 않을 수 있다. 위의 세 가지를 구분하는 방법은 최종적으로 돈이 어디로 가는지, 어떻게 운용되는지 살펴보는 것이다.

● 그림 38 은행 판매상품의 운용구조 ●

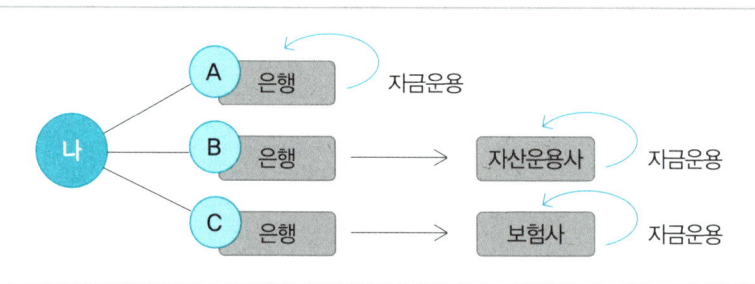

위 그림 38에서 A의 경우는 흔히 접하는 예적금 상품으로 은행에서 직접 자금운용을 한다. 하지만 B, C의 경우 은행은 자금을 직접 운용하는 것이 아니라 자산운용사나 보험사로 자금을 넘겨주는 역할만 하는 '판매사'다. 은행에서 판매하는 펀드는 B의 형태이고, 보험은 C의 형태이다.

가끔 고객들 중에는 은행에서 펀드를 가입하면 증권회사에서 가입하는 것보다 안전하다고 생각하는 분들이 있는데 이는 사실과 다르다. 은행에서 펀드를 가입하건 증권회사에서 펀드를 가입하건 돈은 모두 자산운용사에서 운용하는 것이기 때문에 어느 쪽이 더 안전하고 어느 쪽이 더 위험하다는 말은 할 수 없다.

개인연금보험과 개인연금신탁 모두 은행에서 가입 가능하나 A와

C의 경우 돈의 운용주체가 완전히 다르다. 은행에서 가입했다고 해서 모두 은행에서 운용하는 안정적인 상품이 아니라는 점을 기억해야 한다. 개인연금보험은 C의 형태, 즉 보험사에서 운용하는 상품이며 개인연금펀드는 B의 형태, 즉 자산운용사에서 운용하는 상품이다.

세제적격 vs 세제비적격 : 세금을 언제 내는지의 분류

세금의 가장 큰 원칙은 '소득이 있는 곳에 세금이 있다'라는 것이다. 그래서 세제적격이니 세제비적격이니 하는 어려운 용어는 세금을 언제 내는지에 따라 달라지는 구분이지, 어떤 것이 적합하고 비적합하다는 의미는 아니다. 소득공제를 통해 지금 세금감면을 받으면 나중에 연금수령 시에 세금을 내야 하고, 소득공제를 안 받게 되면, 즉 지금 세금을 내면 연금수령 시에는 세금을 내지 않아도 되는 것이다. 그러면 지금 세금을 내는 것이 나을지, 추후 연금수령 시 세금을 내는 것이 나을지 고민이 될 것이다. 이것은 개인의 사정에 따라 달라진다.

● **그림 39** 근로소득세율과 연금소득세율 비교 ●

근로소득세율 (지금 내는 세금)		연금소득세율 (나중에 내는 세금)
과세표준	세율	
1,200만 원 이하	6%	
1,200만 원 초과 ~ 4,600만 원 이하	15%	5.5%
4,600만 원 초과 ~ 8,800만 원 이하	24%	
8,800만 원 초과	35%	

위 그림 39만 보면 근로소득세율이 연금소득세율 5.5%보다 높으므로 당장 소득공제를 받는 것이 유리하다고 느껴질 수 있다. 하지만, 소득공제는 연간 400만 원 한도에서만 가능하기 때문에 단순히 세율만 비교해서는 안 된다. 연금저축 가입금액과 운용수익률에 따라 달라질 수 있지만, 과세표준이 4,600만 원 이상인 경우에 지금 소득공제를 받는 것이 유리한 편이다.

연금저축의 수익률이 낮아 고민된다면 계약을 이전하자

은행에서 가입한 개인연금신탁이 정기예금 금리보다 낮다는 뉴스를 본 적이 있을 것이다. 적어도 10년 이상은 가입해야 하는 상품인데 이렇게 수익률이 낮다면 쉽사리 해지할 수도 없고 속만 상하는 경우가 많다.

그렇다면, 가입상품을 해지하지 말고 다른 회사로 이전을 고려해보자. 2001년 3월부터 개인연금의 금융기관간 계약이전이 허용되어 있다. 그 이전에 가입한 개인연금상품도, 세제상의 불이익 없이 은행, 보험, 증권 간 이전이 가능하다. 다만, 연금이 지급 중인 보험회사의 종신연금 등 일부 상품은 이전이 불가능하다.

계약이전 절차

A금융회사에서 가입한 개인연금을 B금융회사로 계약 이전할 경우(은행 기준)의 절차이다.

- 먼저 B금융회사를 방문하여 신규 통장 개설
- 이후 A금융회사를 방문하여 계약이전 신청
- 마지막으로 B금융회사를 방문하여 계약이전 확인

계약을 이전할 때는 적립금과 해약환급금을 확인해보고 이전하려고 하는 회사의 과거수익률도 꼼꼼히 비교해보아야 한다.

연금선택 가이드

개인연금은 최소한 10년 이상을 납입하고 관리해야 하는 상품이다. 현 직장의 정년까지 10년 이상 여유가 있다면 고민은 줄어들 수 있다. 하지만, 정년을 앞둔 상황에서는 연말정산이나 비과세 등의 혜택보다는 10년 동안 납입할 수 있는지에 대한 고민을 먼저 해야 한다. 장기계약상품은 중도해지 시 많은 불이익이 있기 때문이다.

- 10년 이상 납입 가능하다 → 개인연금신탁, 보험, 펀드 등 적립식 상품 고려
- 10년 이상 납입 불가능하다 → 퇴직까지 노후자금 마련 후 즉시연금상품 선택

개인연금상품은 시중에 300가지가 넘게 출시되어 있다. 이 중에서 나에게 딱 맞는 상품을 고르는 것은 쉽지 않은 일이다. 상품별 수익률이나 특징으로 비교분석하는 것보다는 투자냐 저축이냐, 혹은 소득공제 여부나 종신수령 여부 등으로 압축한 후에 상품을 고르는 것이 효율적이다.

● 표 22 연금상품 가입 제안(10년 이상 납입 가정) ●

소득수준	투자성향	월 50만 원 가입 제안
높은 편	공격적(40대 초반)	50만 원 – 연금저축펀드
	중도성향(40대 중후반)	30만 원 – 연금저축신탁 / 보험 20만 원 – 연금저축펀드
보통 (혹은 자영업자)	공격적(40대 초반)	50만 원 연금저축펀드 / 변액연금
	중도성향(40대 중후반)	20만 원 – 연금저축보험 / 신탁 30만 원 – 연금저축펀드 / 변액연금

소득수준이 높은 직장인이라면 우선 연금저축보험이나 신탁 등 세제적격 상품 즉, 보험료를 납입하는 동안 소득공제의 혜택이 주어지는 상품을 우선적으로 고려하는 것이 좋다. 또한 투자성향이 공격적이거나 40대 초반의 젊은 은퇴준비자라면 다소 공격적으로 투자하는 것이 효율적일 것이다.

개인연금은 10년 이상 장기로 매월 납입하기 때문에 평균매입단가하락효과, 즉 cost average effect가 크다. 즉, 원금손실에 대한 두려움보다는 일정수준 이상의 수익을 달성할 확률이 상당히 높아진다.

매월 25만 원씩 5% 금리로 1년간 정기적금에 가입한다면, 1년 뒤 세전 이자는 81,250원이다. 여기에 15.4%의 이자소득세를 제외하면 68,738원이 된다. 이는 1년 불입액 300만 원을 세전 2.7%의 금리인 정기예금에 가입한 것과 같다. 매월 납입하는 정기적금 이율이 5%라고 할지라도 첫 달에 납입한 금액의 이자와 마지막 달에 납입한 금액의 이자가 달라지기 때문에, 정기예금으로 환산하면 금리가 떨어지는 것이다.

그럼 매월 25만 원씩 연금저축으로 가입하는 경우라면 어떨까? 금리가 5%로 동일하니, 이자는 동일할 것이다. 하지만 소득공제 혜택을 감안하면 결과는 달라진다. 근로소득자 대부분이 해당되는 1,200만 원에서 4,400만 원의 과세표준구간의 세율 15%로 계산해

● 표 23 **연금상품비교** ●

	저축		투자	
	연금저축신탁	연금저축보험	연금저축펀드	변액연금
운용주체	은행	보험사	자산운용사	보험사
연금종신수령	불가능	가능	불가능	가능
투자수익	낮은 편	보통(은행이자 수준)	유동적	유동적
원금손실	없음	없음	가능	가능
예금자보호	가능	불가능	불가능	불가능
수익률	실적배당	공시이율	실적배당	실적배당
운용방법	안전자산 위주	안전자산 위주	공격적 운용	공격적 운용
특징	소득공제 O	소득공제 O (세제적격의 경우) 특약가입 가능 사업비 고려	소득공제 O 펀드변경 가능	소득공제 X 펀드변경 가능 특약가입 가능 사업비 고려

보자. 1년 납입한 300만 원의 16.5%(소득세 15%, 주민세 1.5%)인 49만 5천 원을 환급받게 된다. 물론, 나중에 연금수령 시 5.5%의 연금소득세를 내야 하지만, 노후준비 목적이라면 연금저축으로 가입하는 것이 정기적금보다는 유리할 것이다. 물론, 세율이 높을수록 이런 혜택은 더욱 커질 것이다.

연금저축펀드는 소득공제도 되고 투자수익을 기대할 수 있어 좋은 상품이지만 종신형으로 연금지급이 되지 않는다는 단점이 있다. 우선 연금저축펀드로 가입한 이후에 종신형 지급이 가능한 생명보험사 상품으로 계약이전을 할 경우 두 마리 토끼를 동시에 잡을 수 있다.

퇴직금을 받았다면 즉시연금으로

즉시연금은 생명보험사에서만 판매하는 상품으로 최근 인기를 끌고 있는 노후준비 수단이다. 즉시연금은 10~20년 동안 돈을 불입해 연금을 받는 일반 연금상품과 달리 한꺼번에 목돈을 예치한 뒤, 곧바로 매달 연금을 받을 수 있는 금융상품이다.

2008년에는 시장규모가 2.7조였으나 2010년에는 5.3조로 2년 만에 두 배 이상 증가하였다. 이는 국민연금, 퇴직연금, 개인연금의 3

층 보장구조가 최근에야 갖추어졌기 때문에, 준비 없이 노후를 맞이하는 경우가 많아진 까닭이다. 게다가 퇴직금을 한번에 수령하는 것보다 즉시연금으로 돌리는 경우에 절세효과가 있기 때문에 자산가들 사이에서 더욱 인기를 끌고 있다.

  이 상품은 만 45세 이상 가입이 가능하며 최저 천만 원 이상 목돈을 불입하면, 그 다음달부터 사망할 때까지 매달 생활비 형태로 돈을 지급해준다.

  즉시연금은 10년 이상 유지 시 이자소득세가 비과세이며 연금소득세도 면제되는 절세상품이라는 점 외에도, 한번 가입하면 중도해지가 불가능하다는 특징이 있다. 그래서 나이든 부모 재산에 자녀들이 눈독을 들이는 일을 미연에 방지할 수 있다는 이유로 선호한다고 한다. 게다가 오래 살수록 연금수령액이 늘어나기 때문에 자식들이 부모의 장수를 바라게 되는 효심이 생기는 것도 부수적인 이유라고 한다. 물론, 썩 기분 좋은 풍경은 아니지만 고령화시대의 씁쓸한 단편이 아닌가 싶다.

변액연금

  변액연금이란 '변하는 액수'의 연금의 줄임말이다. 앞서 언급한 연금 중 연금저축펀드를 제외하고는 모두 연금가입 시에 '60세부터 연금을 개시할 경우, XX원의 금액을 OO년간 받을 수 있다'는 것이 정해진다. 하지만 변액연금이든 변액유니버셜보험이든 투자상품이기 때문에 운용결과에 따라 연금 금액이 변할 수 있다. 내가 낸 보험금은 선택하는 펀드에 따라서 주식으로만 운용될 수도 있고 주식과 채권의 비율을 정해 운용될 수도 있다.

변액유니버셜보험의 경우 1985년 미국에서 처음 시판되었으며 현재 미국 보험 판매의 50% 이상을 차지할 정도로 대중적인 상품이다. 우리나라는 2001년에 변액보험이 시장에 등장했고, 변액유

● 표 24 **변액보험과 적립식 펀드의 비교** ●

	변액보험	적립식 펀드
수익률	• 실적배당	• 실적배당
계약기간	• 최소 10년	• 가입 시 선택
운용대상	• 주식, 채권 등 계약 시 선택 가능 • 펀드 변경 가능	• 주식, 채권 등 가입 시 선택 가능
만기이후	• 연금수령	• 해지 시 일시 수령
비용	• 사업비, 운용수수료 • 보험사와 운용사, 납입기간에 따라 다름 • 보통 사업비는 10%, 운용수수료는 1% 선	• 판매보수/판매수수료, 운용수수료, 수탁수수료, 사무관리보수 등 일반적 주식형 펀드는 수수료 2.5% 수준
세금혜택	• 10년 이상 투자 시 이자소득세 감면	×
가입자 사망시	• 사망보험금 지급	×

니버셜보험은 2003년에 도입됐다.

변액보험과 변액유니버셜보험의 차이점은 한 가지이다. '유니버셜'이라는 기능, 즉 납입을 중단하거나 추가로 불입할 수 있는 등 입출식 기능이 더해지는 것을 말한다. 즉, 변액유니버셜은 입출금이 비교적 자유로워 계약자의 자금운용에 융통성이 더해진 변액보험이다. 변액연금은 '연금으로 받는 적립식 펀드'라고 생각해도 크게 틀린 것은 아니다.

변액연금에도 여러 종류가 있지만 가장 큰 이슈를 몰고 다니는 것은 변액유니버셜보험(VUL)이다. 외국 생보사들은 대졸자 남성 설계사를 필두로 많은 고객에게 변액유니버셜 상품을 충분한 설명 없이 판매하였던 것도 사실이다.

설계사들은 변액유니버셜의 장점으로 '보장'과 '투자'를 동시에 할 수 있다는 점을 강조한다. 가입기간이 10년 이상 긴 상품이라서 가입을 꺼려하는 고객들에게는 중도인출기능을 설명하며 언제든지 보험을 해지하지 않고도 인출이 가능하다고 설명한다. 또한, 적립식 펀드에 들겠다고 하는 고객에게는 10년 이상 가입할 경우 사업비도 줄어들고 비과세 혜택까지 있으니 변액유니버셜이 유리하다고 설명하며 고객을 유혹했다.

물론 틀린 이야기는 아니다. 그러나 중도인출이나 추가납입에도 일정수준의 제약이 있고, 10년 이상 장기로 가입한다고 해도 비용이 어느 쪽이 유리한지는 수익률에 따라 달라진다.

변액유니버셜보험은 '보험'이다. 즉, 불확실한 노후를 위한 보장이 강조되어야 하는 상품이다. 반드시 장기가입을 해야만 중도해지나 초기의 과다한 사업비 등의 단점이 커버될 수 있다는 점을 간과하고 투자에 좋은 상품이라는 말에 혹해 무턱대고 가입하는 우를 범하면 안 될 것이다.

어떤 금융상품을 가입하든지 자신의 상품가입 의도와 활용 목적을 확실히 하는 것이 상품선택의 가장 좋은 기준이 된다. 목돈을 만들기 위해 투자를 원하는 사람이라면 변액유니버셜보험보다는 적립식 펀드를 장기로 가입하는 것이 비용 면에서나 자금 운용면에서나 나을 것이다. 또한 노후준비를 목적으로 투자를 원하는 사람이라면 변액유니버셜보험이 적합한 상품일 것이다.

TIP

금융주치의 선택요령

길을 걷다 보면 거의 한 블록에 하나 이상의 은행을 만나게 된다. 게다가 2~3층에 입점해 있어서 인지하지 못하고 지나친 은행, 증권회사, 보험사 등을 생각해보면, 요즘은 부동산보다 금융회사가 더 많다는 느낌이 든다.

자산관리를 전문가에게 맡기기로 결심했더라도 이 수많은 회사와 그보다 더 많은 금융기관 종사자들 중에 누구를 믿고 의지해야 할지 막연할 수 있다. 그렇다면 금융주치의를 선택하기 전에 다음 두 가지를 꼭 체크해보도록 하자.

● **첫째, 객관성**

　금융주치의는 먼저 주변의 지인에서 그 대상을 찾게 된다. 아무래도 돈 문제다 보니 그나마 알고 지낸 사람이 믿음직하게 느껴지는 것은 당연하다. 하지만, 자산관리는 차라리 모르는 사람에게 맡기는 것이 더 나을 수 있다. 알고 지내왔다는 것과 나의 자산에 대해 객관적인 판단을 해주는 것은 아무 관련이 없기 때문이다.

　또한 만약 자산배분이나 리밸런싱 시점이 잘못되어 예상보다 투자수익률이 안 나왔을 경우, 두 사람의 관계에 영향을 미칠 수 있다. 친구지간에는 돈을 빌려주지 말라는 오랜 격언이 시사하는 바와 같다.

　따라서 그래도 객관적인 시각을 유지할 수 있는 금융주치의를 찾는 것이 중요하나. 물론 처음부터 나에게 딱 맞는 사람을 찾기는 어려울 것이다. 그렇다면 조금 귀찮더라도 여러 회사를 방문해 보라. 그중에서 나와 맞는 사람이 있다면 그와 지속적으로 관계를 유지해나가는 것이 좋을 것이다.

● **둘째, 일물일어설(一物一語說)**

　프랑스 시인인 플로베르는 다음과 같이 말했다.

　"하나의 사물을 지적하는 데는 단 하나의 가장 적절한 명사가 있고, 한 가지 동작을 표현하는 데는 단 하나의 가장 적절한 동사가 있고, 하나의 상태를 묘사하는 데는 단 하나의 가장 적절한 형용사가 있다."

시인이 가장 적절한 단어 하나를 찾듯, 금융주치의는 고객을 위해 가장 적절한 상품을 찾아줄 수 있는 사람이어야 한다. 나이와 가족구성, 투자성향만 고려해 틀에 박힌 자산관리를 하는 사람보다는, 나의 고민을 들어주고 내가 가진 니즈를 해결해주려고 노력하는 자세가 더욱 중요할 것이다.

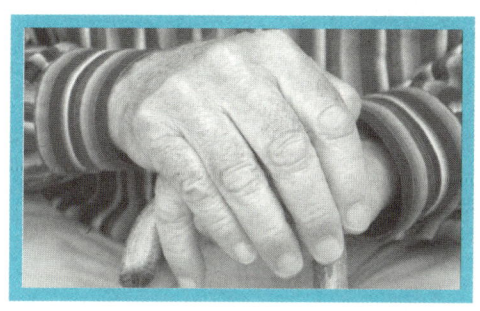

내 인생 퇴직 후 1년

Chapter 05

불확실한 미래를 대비하기 위한 보험

- 보험의 첫 번째 목적은 불확실한 미래를 대비하는 것
- 종신보험의 다른 이름, 유가족 사랑
- 의료비는 실손형 상품이 기본

보험의 첫 번째 목적은
불확실한 미래를 대비하는 것

프로야구 롯데 자이언츠에는 20번을 백넘버로 단 선수가 없다. 2000년 4월 18일 경기 도중 쓰러져 오랜 시간을 식물인간으로 살았던 임수혁 선수의 백넘버가 20번이기 때문이다.

당일 임수혁 선수는 2루에 서 있다가 갑자기 쓰러졌다. 다른 선수와 접촉도 없었고, 심지어 2루에는 상대팀 수비수도 서 있지 않은 상황이었기에 관중들과 선수들은 모두 어리둥절할 수밖에 없었다. 이후 병원으로 후송되어 멈춘 심장은 뛰게 만들었지만 죽은 뇌세포는 살려낼 수 없었고, 10년이 넘는 투병생활 끝에 숨을 거두었다.

롯데 팬들에게 임수혁 선수는 '해결사'로 깊게 각인되어 있다. 1999년 플레이오프 삼성과의 경기에서 9회초 7-6으로 뒤진 상황, 퇴장 당한 호세 대신 올라온 임수혁 선수는 당대 최고의 마무리 임창용 투수를 상대로 솔로 홈런을 터뜨려 동점을 만들었고, 연장접전 끝에 롯데는 한국시리즈에 진출하게 되었다.

그렇게 힘겹게 한국시리즈에 진출했기 때문이었을까! 그해 우승은 한화 이글스에 내주었지만 팬들에게 우승과도 다름없는 포스트시즌을 선물했던 롯데 자이언츠 선수들, 그 중심에는 임수혁 선수가 있었다.

팬들의 마음에는 늘 임수혁 선수가 롯데의 2루수로 자리 잡고 있지만, 임수혁 선수의 가족은 한순간에 가장을 잃은 슬픔뿐만 아니라 끝이 보이지 않는 투병생활을 견뎌내야 했다. 구단에서 받은 3억여 원의 보상금과 '임수혁데이', '임수혁 선수 돕기' 등 각지에서 끊임없는 후원이 이어졌지만 결국 매월 300만 원이 넘는 병원비는 남은 가족들이 감당해야 했다.

이처럼 사람의 미래는 한 치 앞을 내다볼 수 없기 때문에 최악의

● 표 25 담보의 종류 ●

사망급부	• 질병사망 • 상해사망	• 질병으로 인한 사망 • 사고로 인한 사망
진단급부	• 암진단 • 특정질병진단	• 각종 암 진단 시 • 뇌졸중, 급성심근경색 등
생존급부	• 의료비 • 입원일당	• 질병 / 상해 입 / 통원 의료비 • 입원비용
비용급부	• 배상책임 • 재물(화재)	• 일상생활 / 자영업자 배상책임 • 주택 화재 등

상황에 대한 최소한의 대비책은 마련해두어야 하는 것이다. 이를 위해 가장 효과적인 대비책은 보험을 드는 것이다. 보험의 담보에는 사망, 진단, 생존, 비용의 네 종류가 있다.

보험을 드는 가장 큰 목적은 재산증식이 아니라 불확실한 미래에 대한 보장이므로 개개인의 상황에 딱 맞는 설계가 필수적이다. 가장의 보험설계와 배우자의 보험설계, 자녀의 보험설계는 다를 것이며, 건강한 사람과 건강하지 않은 사람, 가족력이 있는 사람과 없는 사람 등 각자 처한 상황에 맞추어 올바른 보험을 가입하는 것이 중요하다.

종신보험의 다른 이름, 유가족 사랑

종신보험은 본인의 죽음을 가정하여 드는 상품이기 때문에 꺼려질 수 있다. '내가 갑자기 죽는다면……' 하고 생각하면 유쾌한 기분이 들 리 만무하기 때문이다. 하지만 누구에게나 죽음은 찾아오며 이를 거부할 수 있는 사람은 아무도 없다. 그런 담대한 마음으로 본인의 죽음 이후, 남겨진 가족들의 삶을 생각해보자.

만의 하나, 백만의 하나, 천만의 하나로 일어날 수 있는 불행한 일에 미리 대비를 한다고 생각하면 종신보험에 대한 부정적인 시각이 반감될 것이다.

사망급부로 가입할 수 있는 보험상품은 크게 종신보험, 정기보험, 변액종신보험이 있다.

정기보험이 종신보험과 다른 점은 계약기간 내 사망 시에만 사망보험금이 지급된다는 점이다. 즉, 80세가 계약만기라면 80세 이전에 사망해야만 사망보험금을 받을 수 있다. 최근 평균수명이 늘어나는 추세를 보면 계약기간 내에 사망할 확률은 점점 줄어들게 되므로 종신보험이 더 좋은 상품이라고 생각할 수도 있다.

사망보험금의 성격은 가장의 사망으로 가정의 수입원이 없어졌을 때, 이를 보상할 수 있는 최소한의 금액으로 지급되는 돈이다. 가장이 가정을 책임질 의무, 즉 막내가 사회로 독립하는 시점에 가정의 수입원으로서의 가장의 의무가 소멸한다면 대략 60세 전후까지 사망보험금이 보장되면 된다. 따라서 이 기간은 정기보험의 계약기간으로 커버 가능한 수준이다. 게다가 정기보험의 보험금은 종신보험의 30% 수준이므로 낮은 보험료로 가장의 사망 위험을 대비한다는

● 표 26 종신보험, 정기보험, 변액종신보험의 비교 ●

	변액보험	정기보험	변액종신보험
보험기간	종신	계약기간까지	종신
사망보험금	일정(최초가입금액)	일정(최초가입금액)	특별계정자산의 운용실적에 따라 변동(단, 가입 시 기본가입 금액은 최저보증)
운용계정	일반계정(보험회사)	일반계정(보험회사)	특별계정(자산운용사)
해약환급금	변동 없음	변동 없음	특별계정자산의 운용실적에 따라 변동

목적을 달성하는 데 좋은 대안이 될 것이다.

종신보험은 상속의 수단으로 활용되는 측면도 있고, 특약조건이 더 좋을 수도 있기 때문에, 꼼꼼한 비교가 필요하다.

종신보험과 변액종신보험은 큰 차이점은 없다. 다만, '변액'이 있고 없고의 차이이다.

TV의 보험관련 광고 중 "사망 시 3억 원 보장"이라며 유명 탤런트가 나오는 광고를 본 적이 있을 것이다. 이런 보험은 '변액' 종신보험이 아니다. 앞서 연금부분에서 설명한 대로 '변액'은 '변하는 액수'이니 사망보험금이 3억 원이 될지, 5억 원이 될지는 투자수익률에 따라 달라진다. 즉, 종신보험과 변액종신보험의 차이점은 사망보험금이 미리 결정되어 있는지의 여부에 있다.

또한 변액종신보험과 종신보험은 특별계정으로 운용되므로 사망보험금과 해약환급금이 달라질 수 있다는 차이가 있다.

특별계정이라는 단어는 일반직으로 쓰는 말이 아니므로 이해하기가 좀 어렵다. 우선 '계정'이라는 말은 회계에서 쓰이는 용어인데, '항목'이라고 생각하면 쉽다. 가계부에서 교통비, 식비, 의복비, 통신비 등으로 항목을 분리하는 것과 같은 것이다.

변액종신보험은 보험료의 일부를 펀드에 투자하게 된다. 사업비, 위험보험료 등을 제외한 나머지 부분이 펀드로 투자되어야 하는데, 이를 똑같은 항목으로 분류해두면 관리가 어렵기 때문이다. 가정에서도 돈 관리를 할 때 투자자금과 여유자금을 구분하기 위해 여러 개의 통장을 사용하는 경우가 많다. 이렇게 하지 않으면 투자자금과 여유자금이 섞여버리는 경우가 허다하다. 보험회사도 마찬가지로, 자금의 효과적인 관리를 위해서 일반계정과 특별계정으로 분리하는 것이다.

의료비는
실손형 상품이 기본

실손형 상품은 여러 개의 보험에 중복으로 가입하였더라도 보험가입으로 인한 초과 이익이 발생하지 않도록 본인이 지급한 의료비 내에서만 비례보상(같은 위험을 담보하는 두 개 이상의 보험계약이 체결되어 있을 경우에, 실제 손해가 발생한 금액만큼만 각각의 보험계약에서 비례하여 보상하는 것)받는 상품이다.

앞서 말한 네 가지 담보 중 생존(의료비, 입원비 등)과 진단(암 진단,

● **그림 40** 우리나라 건강보험시스템 ●

급여부분		비급여부분
공단부담	본인부담	본인부담
국민건강보험	← 민영의료보험 →	

뇌졸중, 급성심근경색 등 진단)을 보장하는 보험은 건강보험과 민영의료보험이 있으며 민영의료보험이 실손형 상품이다. 주로 건강보험은 생명보험사에서, 의료실비보험 등으로 불리는 민영의료보험은 손해보험사에서 취급하였는데 지금은 민영의료보험도 생명보험사에서 취급하고 있으며 출시되는 상품 또한 매우 다양하다.

노후생활의 질을 좌우하는 것은 건강이다. 조금이라도 이상 징후가 느껴진다면 전문가에게 빨리 진단받는 것이 큰 병을 예방하는 지름길이다. 하지만 일정한 수입이 없는 노후에는 예상치 못한 병원비처럼 부담스러운 지출도 없다. 그렇기에 실손형 보험은 병원비에 대한 심적인 부담을 덜어준다는 점에서 많은 인기를 끌고 있다.

질병, 상해에 대한 입원·통원·치료비 등 모든 손해비용을 실비로 보상하는 민영의료보험은 1999년 판매 이후 가입자수가 1,200만 명을 넘어설 정도로 인기를 얻고 있다. 특히 국민건강보험이 적

● 표 27 **국민건강보험과 민영의료보험의 비교** ●

구분	국민건강보험	민영의료보험
도입시기	1977년	1963년
가입대상	전국민(의무가입)	전국민(자유선택)
상품종류	단일상품(실손형)	실손형 / 정액형
보장범위	법률에서 정한 금액 (의료비의 약 60%)	국민건강보험에서 보장하지 않는 의료비
운영주체	국민건강보험공단	민영보험회사

용되지 않는 모든 의료비가 보장되기 때문에 고소득층보다는 저소득층 가계에 필수적인 의료보험으로 자리매김하였다.

건강보험정책연구원에 따르면 우리나라 열 가구 중 여덟 가구가 민영의료보험에 가입한 것으로 나타났다. 가입 이유로는 46.3%가 "불의의 질병 사고로 인한 경제적 부담을 덜기 위해서"라고 하고, 34.9%가 "국민건강보험의 서비스 보장이 부족하다고 판단해서"라고 한다.

그렇다면 '실손의료보험'이라고 불리는 의료실비보험은 건강보험과 무슨 차이가 있을까?

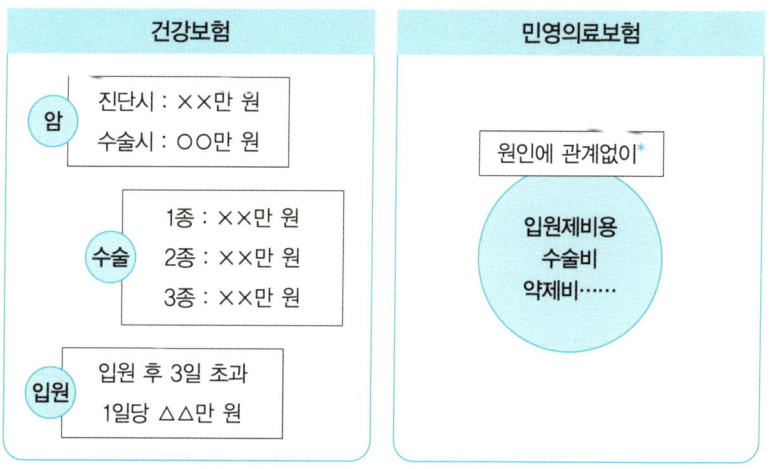

● 그림 41 건강보험과 민영의료보험의 차이 ●

* 민영의료보험에서는 치과, 정신과, 한방병원에서의 통원치료 및 보신용 약재, 미모를 위한 성형비용, 의료보조기 구입 및 대체비용, 정상분만 및 제왕절개, 상위병실 차액 50%, 자동차보험, 산재보험의 의료비 등은 보장하지 않음

건강보험과 의료실비보험의 가장 큰 차이점은 보장범위이다. 건강보험은 특정 질병의 원인에 따라 보험금을 일시로 지급하는 형태인 반면, 민영의료보험은 질병의 원인에 관계없이 정해진 한도 내에서 보장하는 보험이다.

한도는 계약에 따라 달라지는데 이는 개인의 가족력이나 건강상태에 맞게 조절하면 된다. 일반적으로 통원의료비는 30만 원, 입원의료비는 3천만 원이나 5천만 원선으로 정한다. 어느 정도의 본인부담금이 있으나 실제 비용의 상당부분을 보험으로 돌려받게 되니 불의의 사고에 처했을 때 큰 도움이 될 것이다.

즉, 민영의료보험의 보장범위가 건강보험보다 훨씬 넓고 광범위하므로 생존, 진단담보의 보장을 위한 기본적인 상품인 것이다. 이러한 민영의료보험을 기본으로 가입하고 보완적으로 건강보험을 특정질병을 위한 보험으로 설계하면 효과적이다.

배상책임

네 가지 담보 중 비용급부(배상책임, 주택화재 등)에 관한 담보는 배상책임보험으로 대비할 수 있다. 배상책임보험이란, 일상생활이나 사업 활동에서 타인의 신체나 재물에 손해를 끼침으로 인해서 법률상의 손해배상책임을 졌을 때 입은 손해를 메우는 보험을 말한다.

실제로 배상책임의 발생은 매우 복잡하고 다양하기 때문에 '가스사고 배상책임보험', '생산자 배상책임보험', '주유소 배상책임보험' 등 인수대상 사업종류와 배상책임의 발생 사유에 관한 특별약관이 덧붙여 정해져 있다.

일반적인 직장인 운전자라면, 운전자보험에 배상책임 특약을 설정하면 교통사고로 발생하는 벌금, 형사합의금, 방어비용 등의 운전자 책임에 대한 보장을 받을 수 있다.

자녀가 있는 가정에서는 보통 어린이보험을 가입하는데, 해당 어린이보험에 배상책임 특약을 설정하면 자녀가 타인의 신체 또는 재물에 손해를 입혀 법률상 배상책임 발생 시 보상을 받을 수 있다.

TIP

구슬이 서 말이라도 꿰어야 보배

　자수성가로 큰 부자가 된 사람이 있었다. 많은 사람들이 이 사람에게 부자가 된 비법을 물어보았지만, 이 부자는 거들떠보지도 않고 요청을 거절했다. 하지만 그중 어떤 사람이 매일같이 그 부자를 찾아가서 끈질기게 부자가 된 비법을 물어보았다. 그렇게 한 달을 찾아가자 부자는 그에게 비법을 알려주기로 마음을 바꾸었다. 이후 한 달 동안 부자는 재산을 모으는 법과 불리는 요령, 그리고 지키는 법까지 하나도 빠짐없이 그에게 알려주었다.

　그 후에도 매일같이 부자의 집 앞에는 부자가 되는 법을 알아내기 위한 발걸음이 끊이지 않았고, 그 부자는 한 달 내내 찾아오는 사람만을 골라서 부자가 되는 비법을 전수해주었다.

나이가 들어 죽음을 목전에 둔 부자는 문득 자신에게 부자되는 비법을 전수받은 사람들이 궁금해졌다. 그래서 하인을 불러 자신에게 비법을 전수받은 사람들을 찾아서 어떻게 살고 있는지를 알아보도록 했다. 내심 자기가 꼼꼼히 알려준 비법 덕분에 모두 부자가 되어 있을 것이라는 기대감이 차올랐다. 하인은 모든 사람을 일일이 만나 이야기를 나누었고 재산상태를 조사했다.

부자가 하인을 불러 조사결과를 물어보았다. 하인이 대답했다.

"부자되는 비법을 전수받은 자 열 명 중 두 명만이 부자가 되어 있었습니다."

부자는 생각지도 못한 결과에 당황해하며 물었다.

"그럼 남은 자들은 어떻게 되었느냐?"

"여덟 명은 부자되는 비법을 전수받았다는 기억조차 하지 못했습니다. 그저 평범하게 사는 사람도 있었고 가난한 사람도 있었습니다."

부자가 되는 법이 있다고 한들, 그것을 실천하지 않는다면 아무짝에도 쓸모없는 비법인 것이다.

Chapter 06

투자는 '중위험 중수익'

- 목돈을 대하는 자세 :
  충무공의 가르침을 가슴에 묻어라
- 수익을 대하는 자세 : 공짜점심은 없다
- 기본적인 세무상식은 필수
- 월지급식 금융상품
- 패러다임 시프트, 부동산
- 중위험 중수익의 대표상품, 채권

노후 준비를 위해 한 가지 상품만 가입해야 한다면 단연 연금상품이다. 4장에서 다루었듯 국민연금 - 퇴직연금 - 개인연금의 3층 연금으로 준비한다면 안정적이고 풍요로운 노후생활이 가능할 것이다. 이런 상품들은 매월 불입하는 경우가 대부분이니 목돈을 굴리기에는 적합하지 않다. 안정적으로 은행예금을 가입하려 하면 금리가 너무 낮아 맘에 안 차고, 직접투자를 하려니 변동성이 심한 주식시장에 원금을 잃을까 고민된다. 이번 장에서는 은행이자에 플러스 알파의 수익을 얻기 위한 방법을 알아보려고 한다.

목돈을 대하는 자세 : 충무공의 가르침을 가슴에 묻어라

임진왜란 초기인 음력 1592년 5월 7일, 지금의 경상남도 거제시 옥포동 앞바다에서 충무공 이순신 장군은 일본의 도도 다카토라 함대를 무찌르고 해전에서의 첫 승리를 기록한다. 당시의 경상우수사 원균은 일본군의 기세에 눌려 육지로 대피할 예정이었다. 그러다가 옥포의 지리적 이점을 뒤늦게 깨닫고 전라좌수사 이순신에게 도움을 요청하였다. 원균의 함대 여섯 척과 이순신의 함대 85척으로 구성된 연합군은 해전 당일 정오 무렵에 옥포에 정박 중인 일본 수군 50여 척을 발견하였다. 당시 왜선 삼십 척이 부두에 정박해 있었고, 왜군들은 산중턱에서 고기를 구워먹고 있던 상황이었다.

'함부로 움직이지 마라. 고요하고 무겁기를 태산같이 하라(勿令妄動 靜重如山).'

두 번 다시 오지 않을 기회의 순간임에도 불구하고 이순신 장군은 '함부로 움직이지 마라'는 군령을 내린다. 지금이 공격하기 적당한 시기라는 부하의 보고를 받고도 그는 아랑곳하지 않았다. 이순신 장군은 '적당한 시기'를 기다린 것이 아니라 '완벽한 시기', 즉 반드시 승리할 수밖에 없는 때를 기다린 것이다. 이후 이순신 장군은 이운룡을 선봉장으로 삼아 돌격을 감행하는 동시에 퇴로를 봉쇄하는 작전으로 큰 승리를 이끌어냈다.

학익진으로 유명한 한산도대첩을 비롯한 이순신 장군의 수많은 드라마틱한 승리에 비해 91척의 함대로 50여 척을 상대하여 이긴 옥포해전은 다소 평범한 승리처럼 보일 수 있다. 하지만, 옥포해전은 각지의 패배소식에 사기가 떨어진 병사들과 함께 이루어낸 첫 해전 승리라는 점에서 그 의미를 찾을 수 있다.

본인뿐만 아니라 부하들의 목숨과 조국의 미래가 걸린 전쟁을 앞두고도 최적의 때를 위해 기다릴 줄 알았던 자세야말로 역사에 길이 남을 만한 최고의 명장이 갖추어야 할 최고의 덕목 중 하나가 아닐까?

뜬금없이 이순신 장군의 옥포해전 이야기를 꺼낸 이유는, 비단 전쟁터의 장수뿐 아니라 퇴직자들도 이순신 장군의 명언을 새겨두었으면 하는 바람이 있기 때문이다.

젊은 나이에는 실패를 두려워해서는 안 된다. 비록 무모해 보일지라도 자기 자신이 계획한 대로 일을 추진할 수 있는 용기가 있어야 한다. 반면 퇴직자에게 필요한 것은 용기보다는 삶의 지혜와 경험에서 나오는 진중함이다. 젊은 날의 실패는 극복할 수 있는 시간이 있지만, 퇴직자에게 실패는 훨씬 큰 상처와 고통을 주기 때문이다. 어린 시절에는 잘 낫던 상처도 나이가 들어감에 따라 회복이 더디다고 느껴지는 것과 같은 이치가 아닐까 한다. 퇴직자들에겐, 비록 굼떠 보인다 하더라도 한 걸음 한 걸음 신중히, 돌다리도 두드려보고 건넌다는 자세가 필요하다.

'XX종목에 투자하면 1개월 안에 두 배가 된다'거나 'OO지역의 그린벨트가 해제될 것이니 지금이 매입기회다' 등 우리는 직간접적으로 상당히 많은 투자기회를 접한다. 이런 정보를 듣게 되면 먼저 수익률에만 관심이 간다. '1개월에 두 배라고 했으니, 천만 원을 투자하면 한달 뒤에는 이천만 원인가?'라는 상상에 입가에 절로 미소가 지어진다. 심장박동이 빨라지며 이렇게 좋은 기회를 놓치면 절대 안 될 것 같은 생각이 든다. 그럴 때 이순신 장군의 가르침을 다시 한 번 떠올려보자.

투자기회를 놓쳐서 안타까운 마음이 드는 것이 잘못된 투자로 속앓이를 하는 것보다 훨씬 낫기 때문이다. 물론, 현명한 투자자라면 잘못된 투자판단으로 후회를 하는 일이 없을 테지만 말이다.

수익을 대하는 자세 :
공짜점심은 없다

미국의 경제학자 해리 마코위츠는 '포트폴리오 이론'으로 노벨 경제학상을 받았다. 포트폴리오 이론이라고 하면 거창하게 들릴지 모르겠지만 이 이론의 실체는 쉽고 간단하고 상식적이다.

미국 서부에 손님이 적어 만성적자에 시달리는 한 술집이 있었다. 이 술집 주인은 고민 끝에 묘안을 생각해냈으니 일정 금액 이상의 술을 마시는 단골손님에게는 다음날 공짜로 점심을 대접한다는 것이었다. 그러자 술도 마시고 점심도 공짜로 먹을 수 있다는 생각에 많은 손님들이 그 집에 몰리기 시작했다. 시간이 지나면서 손님들은 자신들이 먹은 공짜점심값은 실제로는 전날 마신 술값에 포함되어 있다는 사실을 알아차리게 되었다. 이 이야기에서 '공짜점심은 없다' 라는 말이 유래되었다고 한다.

멋진 몸매를 가꾸기 위해서는 운동 후 마시는 맥주 한 잔의 청량함을 포기해야 하고, 가족들과의 오붓한 저녁식사를 위해서는 회사 동료들과의 술자리를 포기해야 하는 것은 당연한 이치 아닐까?

이것은 투자에서도 정확히 적용된다. 높은 수익을 올리기 위해서는 그만큼 돈을 잃을 각오가 되어 있어야 한다. 안전하면서도 대박을 터뜨릴 수 있는 투자처는 없기 때문이다.

다시 노벨 경제학상을 받은 마코위츠의 포트폴리오 이론으로 돌아가보자. 누구나 같은 수익이라면 위험을 최소화하는 방향(a→A)으로, 같은 위험이라면 수익을 최대화하는 방향으로(b→B) 투자를 할 것이다. 따라서 아래 그림 42의 푸른선이 효율적인 투자선이 되고, 마코위츠는 이를 '효율적 투자선'이라 이름 붙였다.

● **그림 42** 마코위츠의 효율적 투자선(efficient frontier) ●

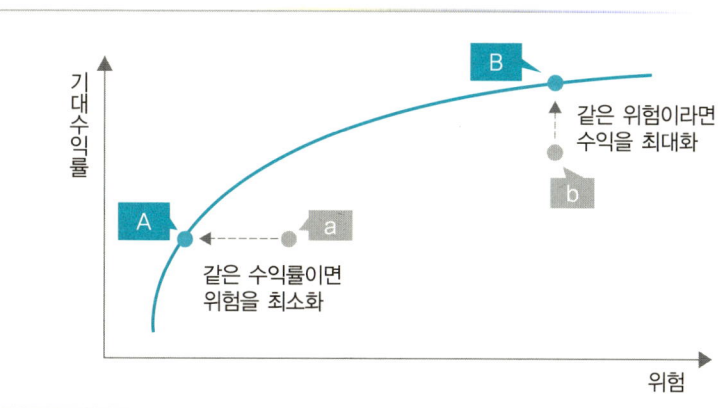

이 선 위에 있는 것은 모두 효율적인 투자기회이기 때문에 A를 선택하든 B를 선택하든 이것은 투자자의 성향에 달려 있다. 늘 다니던 길로만 다니고 늘 먹는 것만 먹는 사람이 있는 반면, 새로운 제품이 나오면 꼭 먹어보고 새로운 가게가 생기면 당장 가보는 사람이 있는 것과 마찬가지 이치이다.

그런데 퇴직생활자라면 투자에 있어서 보수적인 자세를 취해야 한다. 마코위츠의 효율적 투자선에서 오른쪽 위가 아니라 왼쪽 아래의 투자기회, 즉 중위험 중수익의 투자기회를 선택하는 것이 바람직하다.

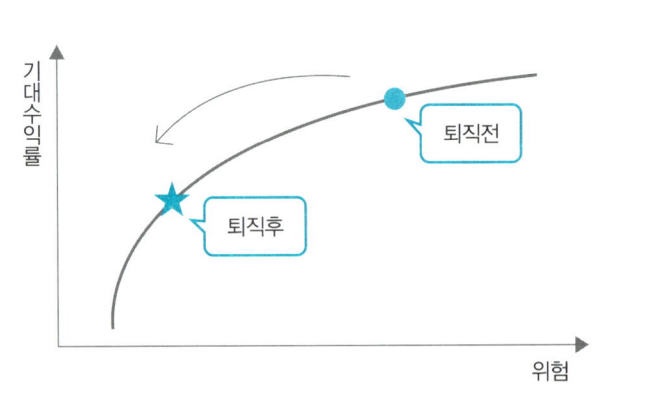

● 그림 43 **퇴직 전과 퇴직 후의 투자성향 변화** ●

마코위츠의 효율적 투자선 그림에서도 볼 수 있듯, 아무리 보수적인 투자자라 할지라도 위험이 '0'일 수는 없다(마코위츠 모형은 무위험투자수단을 고려하지 않은 한계가 있다. 금융위기를 겪긴 했지만 아직까지는 미국국채가 무위험투자수단으로 여겨진다. 그래서 마코위츠 이후의 포트폴리오 이론은 무위험자산을 고려한 CML, 즉 자본시장선capital Matket Line 등으로 발전하였고 CML에서는 이론적으로 투자위험이 0인 투자기회가 존재한다). 즉, 모든 투자에는 일정 수준의 위험이 내재하고 있다는 뜻이다. 시장위험, 금리위험, 인플레이션 위험, 신용위험, 환위험 등 다섯 가지 위험은 어떤 투자기회를 선택하든 늘 내재되어 있는 위험이다.

시장위험
|

흔히 '경기가 좋다' 혹은 '경기가 나쁘다'라고 말하는 맥락과 같이 전반적인 경제상황과 관련된 위험을 의미한다. 부동산 자산을 소유한 사람이라면 경기 하락기에 부동산의 가격이 하락하거나 월세, 상가 등의 수익률이 하락할 위험에 직면하게 되는데 이를 '시장위험'이라고 한다.

금리위험

금리위험은 시장금리에 따라서 달라지는 위험을 의미한다. 확정금리예금에 투자한 투자자라면 시중금리 상승 시 다른 투자 상품에 비해 수익률이 줄어들고, 변동금리 대출자라면 시중금리 상승 시 이자율이 상승하는 위험에 처하게 되는데, 이를 '금리위험'이라고 한다.

인플레이션 위험

인플레이션이란 물가가 지속적으로 상승하는 현상이다. 인플레이션 위험이란 구매력위험이라고도 하는데, 물가상승에 따라 실제구매력이 악화되는 위험을 뜻한다. 세후 수익률이 5%인 확정금리예금에 투자하려고 하는데, 예상 인플레이션율이 6%라면 실질적으로는 1년마다 1%씩 자산의 감소가 일어나는 것과 같은 위험을 '인플레이션 위험'이라고 한다.

신용위험

투자한 회사가 사업에 실패했을 때의 위험이다. 시장위험은 전체 경기에 관한 위험인 데 반해, 신용위험은 특정 회사에 관한 위험이다. 즉, 내가 AAA회사의 주주인데 AAA회사의 사업이 나빠질 위험을 의미한다. 경기는 좋은 데 특정 회사의 상황은 나쁠 수 있으므로 시장위험과 신용위험이 반드시 일치하지는 않는다.

환위험

외국통화 대비 자국통화의 가치가 변하면서 일어날 수 있는 위험을 의미한다. 만일 수출회사의 사장이라면, 자국통화가 가치절하되는 것이 수출가격 경쟁력을 획득할 수 있다. 반면 수입회사의 사장이라면 자국통화의 가치절하 시 수입물가 상승으로 사업이 위험에 처할 수 있다.

'피할 수 없다면 즐겨라'는 말이 있듯, 투자활동에서는 위험이란 무조건적인 회피의 대상이 아니라 적절한 수준에서 관리하는 대상으로 보는 것이 바람직하다. 또한, 모든 위험이 항상 나쁘게만 작용하는 것은 아니다. 각자 처한 상황에 따라 해당 위험이 좋은 기회일 수도 있고 나쁜 기회일 수도 있다.

　모든 위험을 사전에 제거할 수 있다면 가장 이상적이겠지만 현실적으로는 불가능한 일이다. 하지만 위험을 제거할 수 없다고 하여 위험을 방치한 채 그대로 두는 것이 아니라, 예상 가능한 위험에 대해 사전에 인지하고 대책을 마련해두어야 한다. 그래야만 막상 해당 위험이 닥쳤을 때 당황하지 않고 이성적이고 효과적으로 위험에 대처할 수 있을 것이기 때문이다.

기본적인
세무상식은 필수

퇴직지금을 운용할 때 가장 중요한 것은 앞서 언급한 '중위험 중수익' 투자전략이다. 여기서 놓치기 쉬운 점이 세금문제이다.

미국 건국의 아버지이자 정치가였던 벤저민 프랭클린은 "인간에게는 피할 수 없는 두 가지가 있다. 하나는 죽음이고 다른 하나는 세금이다"라고 말했다. 이것은 세금이 사회를 살아가는 데 필수적인 지식이라는 것을 단적으로 드러내주는 말이 아닐까?

수익률을 계산할 때 세전수익률과 세후수익률을 꼼꼼히 따져보는 것이 중위험 중수익 전략의 기본이다. '소득이 있는 곳에 세금이 있다'는 것이 세금 부과의 기본원칙이다. 따라서 소득이 없다면 세금도 내지 않는다. 당연한 이야기이지만 소득이 많을수록 세금은 올라가고 소득이 낮을수록 세금은 내려간다. 또한 소득의 성질에 따라 세금항목과 세율도 달라진다.

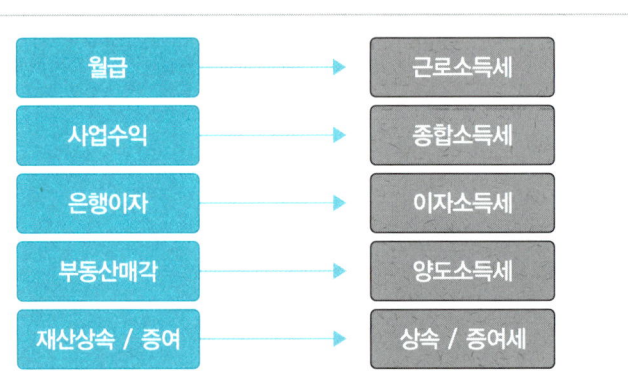

● 그림 44 **소득의 원천과 세금항목** ●

    절세와 탈세는 엄연히 다른 개념이다. 절세는 세법이 정하는 테두리 안에서 합법적이고 합리적으로 세금을 줄이는 것이며 탈세는 불법적인 방법으로 세금을 줄이는 것이다. 사업장에서 발생하는 소득을 고의적으로 적게 신고하거나 비용을 과대계상(감가상각비로 기표할 금액을 부풀려서 기표한 것. 비용을 과대계상하면 기업의 손익을 과소표시하게 되는 것이다)하고, 허위계약서를 작성하거나 공문서를 위조하는 등의 행위는 모두 탈세이다.

    탈세가 아닌 절세를 잘하기 위해서는 세금 부과의 기본구조를 이해하고 절세상품에 가입하는 등의 노력이 필요하다. 국세청 홈페이지(http://www.nts.go.kr/)의 국세정보에는 '국세청 발간책자' 자료가 매년 업데이트된다. 양도소득세, 상속·증여세, 부가가치세, 종합소득세의 절세 포인트도 상세하고 쉽게 다루어져 있으니 이를 참고하면 절세에 많은 도움이 될 것이다. 여기에서는 절세에 도움이 되는 투자상품과 절세 관련 팁 몇 가지를 소개하도록 하겠다.

비과세 생계형저축

남녀 모두 만 60세 이상이거나 장애인인 경우 3천만 원까지는 15.4%의 이자소득세가 감면되는 것이 비과세 생계형저축이다. 전 금융기관 합산되며 별도의 상품이 있는 것이 아니라 정기예금, 적금, 투자상품 등에 가입할 때 '비과세 생계형'으로 지정하면 된다.

그러면 3천만 원 한도를 어떻게 비과세 생계형으로 지정하는 것이 가장 효과적일까? 이율이 높은 상품일수록 이자가 많으므로 해당 상품을 비과세 생계형으로 가입하는 것이 유리하다.

그런데 주식형 펀드의 경우 대부분의 수익이 주식매매차익으로 발생하는데, 우리나라는 주식매매차익은 원래 과세되지 않는 항목이다. 그러므로 주식형 펀드를 비과세 생계형저축으로 지정하면 세금혜택을 크게 받지 못한다. 하지만 채권형 펀드는 주 수익원인 채권매매차익과 이자 모두 과세대상이므로 채권형 펀드를 비과세 생계형으로 가입하는 것도 좋다.

이처럼, 펀드도 과세기준이 각기 다르므로 가입하려는 상품에서 세금혜택을 받을 수 있는 사항을 꼼꼼히 체크하는 것이 바람직하다. 2004년 조세특례제한법 개정으로 가입대상은 65세 이상에서 60세 이상으로, 가입한도는 2천만 원에서 3천만 원으로 확대되어 비과세 상품으로 활용도가 가장 높은, 퇴직소득자의 필수상품이라고 할 수 있다.

세금우대 상품

비과세 생계형저축은 나이 제한이 있는 반면, 세금우대는 일반인이 가입할 수 있는 보편적인 절세상품이다. 비과세 생계형저축

● 그림 45 **비과세상품 한도와 가입순서** ●

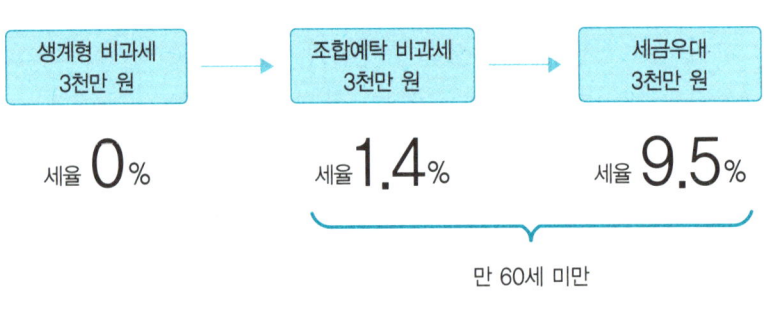

* 만 60세 이상 비과세상품 가입순서

처럼 세금우대 상품 역시 별도의 상품이 있는 것이 아니라 정기예금, 정기적금, 적립식 펀드 등의 금융상품에 가입할 때, '세금우대'를 지정하는 것이다. 이 제도는 만60세 이상이거나 장애인의 경우 1인당 3천만 원, 일반인의 경우 1인당 천만 원 한도 내에서 이자·배당 소득에 대해 9.5%의 낮은 세율을 적용한다.

그러므로 비과세 생계형 한도를 먼저 소진하고, 남은 부분은 세금우대혜택을 받으면 상당한 절세를 받을 수 있다. 하지만 세금우대의 경우 1년 이내에 해지하면 세금우대 혜택을 받지 못하니 주의해야 한다.

조합예탁
비과세저축

세금우대와 한도와는 별도로 새마을금고, 신협, 농협, 수협 등의 조합에서 판매하는 비과세저축이다. 만 20세 이상의 조합원에게는 1인당 3천만 원 한도로 이자소득세를 면제하고 농특세 1.4%만 부과한다. 조합원이 되기 위해서는 출자금 1만 원만 납부하면 되는데, 이는 조합을 탈퇴할 때 돌려받기 때문에 가입 시 특별한 거부감이 없다. 단, 조합단위는 은행이 아니기 때문에 예금자보호에서 제외된다. 즉, 예금보험공사에서 예금액을 책임져주지 않는다는 뜻이다. 하지만 조합기금은 관련법률에 의해 보호되고 있으니 예금자 보호와 다름없는 수준의 안전장치가 마련되어 있다.

증여세, 상속세

일반 서민층은 상속세를 크게 걱정하지 않아도 된다. 배우자가 있는 경우 10억 원, 배우자가 없는 경우 5억 원 이하인 경우는 상속세를 내지 않아도 되고, 10년 단위로 미리 증여를 한다면 상속세 폭탄에서 벗어날 수 있다.

증여세나 상속세는 재산이 무상으로 이전되는 경우에 그 재산을 취득하는 자에게 부과하는 조세를 말한다. 증여세와 상속세의 가장 큰 차이점은 상속세는 상속인이 사망 시에만 적용되지만, 증여는 증여인의 사망과는 무관하다는 것이다.

증여세와 상속세를 아끼는 방법의 가장 기본은 일찍 시작하는 것이다. 하지만 자산가들께 증여플랜에 대해 조언을 드리면, '돈을 미리 줘버리면 자식이 날 찾지 않는다' 라며 세금을 더 내더라도 죽고 나서 상속하겠다는 분들이 많다. 그런데 생전에 부모가 상속에 대해 미리 준비해두지 않으면 사후에 형제들 사이에 분쟁이 일어날 소지도 다분하다. 지금부터라도 전문가와 함께 증여·상속플랜을 준비하는 것이 여러 가지 불미스러운 일을 예방하는 데 도움이 될 것이다.

 증여세와 상속세를 절세하는 방안은 여러 가지가 있으나, 여기에서는 대표적인 몇 가지 절세방안을 소개하겠다.

증여재산공제 한도 내에서
배우자나 자녀에게 미리 증여해두어라

 배우자에게는 6억 원, 직계존비속에게는 3천만 원(미성년자의 경우 1,500만 원)까지는 증여세를 내지 않고도 증여를 할 수 있다. 하지만 증여 후 10년 이내에 상속이 일어날 경우 증여재산이 상속재산으로 인정되기 때문에, 미리 증여를 해두는 것이 세금을 절약할 수 있다. 또한 증여사실을 입증하기 위해서 증여세를 반드시 신고하도록 하자. 만약 부동산을 소득이 없는 부인 명의로 구매하였는데, 이를 증여로 신고하지 않았다면 추후에 이 재산이 부인에게 증여한 것이라는 사실을 입증하기 어려워 증여로 인정받지 못할 수도 있다.

 자녀에게 증여하는 경우에도 마찬가지다. 아들의 결혼자금으로 쓰기 위해서 미성년자인 아들 명의로 1,600만 원을 주식형 펀드에 가입하였다고 해보자. 10년 후, 주식시장의 상승에 힘입어 이 금액은 7천만 원이 되었다. 아들이 이 돈을 신혼집 마련에 보태려고 인출하려고 하면 그 시점에 7천만 원을 증여한 것으로 인정되어 400만 원의 증여세를 내야 한다(7천만 원-3천만 원=4천만 원, 증여세율 10% 적용, 증여세 400만 원. 직계존비속 증여의 경우 3천만 원이 공제된다). 그런데 만약 가입 당시에 증여신고를 하였다면, 10만 원의 증여세 납부로 이 모든 일이 깔끔하게 해결되는 것이다(1,600만 원-1,500만 원=100만 원. 증여세율 10%, 증여세 10만 원. 직계존비속이 미성년자일 경우 1,500만 원이 공제된다).

건물을 상속하는 경우에는 월세보다는 전세가 유리하다

건물과 같은 부동산을 상속하는 경우 해당 상속가액이 상속공제범위를 벗어나는 경우가 많다. 임대 중에 있는 건물을 상속할 때는 월세인 것보다는 전세가 유리하므로, 임대차계약을 체결할 때 월세비중을 줄이고 전세비중을 높이는 것이 상속세 부담을 줄이는 방법이다.

다음 표 28과 같이 시가 20억 원인 4층짜리 건물이 있다고 해보자. A는 총 보증금이 11억 원이고 B는 총 보증금이 7억 원이다. 이 경우, A를 상속하면 과세표준은 '시가 20억 원에서 보증금 11억 원을 뺀 9억 원이 된다. 그런데 B를 상속하게 되면 과세표준은 시가

● 표 28 보증금의 차이에 따른 상속과표의 차이 ●

	A - 총 보증금 11억 원	B - 총 보증금 7억 원
4층	보증금 1억 원, 월세 80만 원	보증금 1억 원, 월세 80만 원
3층	보증금 2억 원, 월세 100만 원	보증금 2억 원, 월세 100만 원
2층	보증금 3억 원, 월세 150만 원	보증금 2억 원, 월세 250만 원
1층	보증금 5억 원, 월세 200만 원	보증금 3억 원, 월세 400만 원

⬇ 상속 ⬇ 상속

| 과세표준 | 20억 원-11억 원=9억 원 | 20억 원-7억 원=13억 원 |

20억 원에서 보증금 7억 원을 뺀 13억 원이 되어 B의 경우에 상속세 부담이 더 커진다.

혹시 상속인이 해당 임대건물에 대한 부가가치세를 신고하면서 임대보증금 및 월세 수입금액을 실제보다 낮게 신고했던 경우, 실제 보증금을 공제받을 수 있는지의 문제도 있다. 이런 경우에는 기왕의 신고내용과 관계없이 실제의 임대차계약서와 그 사실을 입증할 수 있는 증빙자료를 제출하면 실제 보증금을 공제받을 수 있다. 하지만 이런 경우에는 이미 신고했던 사실을 정정하는 것이므로 지금까지 적게 신고한 부가가치세 및 소득세를 일시에 추징당할 수 있으니 유의해야 한다.

부담부증여 시
양도소득세와 증여세를 비교하라

부담부증여란 부동산을 증여함에 있어 임대보증금이나 금융기관 담보대출금 등을 함께 승계하여 나머지 재산가액을 증여하는 것이다. 이때 승계시킨 임대보증금 등 채무승계액에 대해서는 부모가 자녀에게 재산을 유상으로 양도한 것으로 보아 양도소득세를 과세하고 채무승계액을 차감한 잔액에 대하여는 증여세를 과세하도록 규정되어 있다. 이 경우 부담부증여를 선택하는 것은 증여자의 의사 결정에 따라 달라진다.

일반적으로 양도소득세가 증여세보다 세율이 낮기 때문에 부담부증여를 선택하지만, 증여 부동산이 취득한 지 오래되고 가격이 급

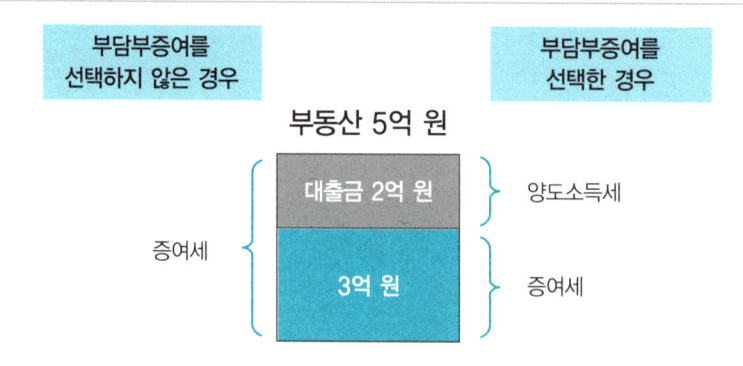

● 그림 46 **부담부증여** ●

등한 경우에는 시세차익이 커 양도소득세 부담이 높으므로 오히려 부담부증여가 불리할 때도 있다. 따라서 반드시 장기보유특별공제 등을 고려한 양도소득세 부담액을 계산해본 후 부담부증여 여부를 결정하도록 한다.

월지급식 금융상품

퇴직자들은 자금이 한곳에 묶여 있는 것보다는 매월 일정한 현금흐름을 발생시키는 것이 중요하다. 월지급식 금융상품에는 월지급식 펀드나 월지급식 신탁, 랩, 즉시연금보험상품 등이 있으며 분배율에 따라 매월 일정금액을 월급처럼 받게 되는 상품이다. 만약 1억 원을 월 지급률 0.7%의 상품에 가입했다면 매월 세전 70만 원씩을 받게 된다.

월지급식 상품 중 가장 대표적인 상품이 월지급식 펀드이다. 이미 일본에서는 보편화된 상품이지만 한국에서는 2007년 처음 도입되었고 2010년 하반기부터 본격적으로 확대되기 시작하여 2011년에는 전년대비 설정액 규모가 다섯 배 이상 급증하였다. 월지급식 펀드의 인기는 부족한 노후준비를 위한 대안상품으로 떠올랐기 때문

● **그림 47** 월지급식 금융상품의 기본구조 ●

이다.

　국민연금 통계에서도 언급하였듯, 베이비부머들의 평균 국민연금 수급액은 월 46만 원 선이다. 이 금액은 최소한의 생계를 유지하기에도 빠듯하다. 하지만 이미 은퇴를 시작한 베이비부머들은 퇴직연금이나 개인연금으로 국민연금을 보완하기에는 이미 늦은 것이 사실이다. 따라서 가입 즉시 연금의 효과를 볼 수 있는 월지급식 펀드가 대안상품으로 떠올랐던 것이다. 게다가 월지급식 펀드는 즉시연금상품이나 IRA 개인퇴직계좌에 비해 중도해지가 쉬워 자금운용에 융통성이 있다는 점도 인기에 한몫을 더했을 것이다.

　월지급식 펀드도 일반 펀드와 마찬가지로 주식형, 주식혼합형, 채권형, 채권혼합형, 해외채권형 등으로 구분된다. 또한 매월 지급되는 분배금이 일정한 유형과 추정수익을 감안하여 분배율이 달라지는 유형으로 나뉜다.

만약 월지급식 펀드의 월 분배율이 0.6%라고 하면 연 수익률이 최소 7.2% 이상은 되어야 원금손실 없이 분배금을 받을 수 있다. 그러나 2008년 금융위기처럼 주식시장이 급락하는 경우에는 월지급식 펀드라 할지라도 손실을 면하기 어렵다.

2011년 기준으로 월지급식 펀드 중 채권형, 해외채권형, 채권혼합형 등 채권투자를 하는 펀드가 전체의 90%를 넘게 차지하고 있다. 투자자들의 중위험 중수익 성향이 투영된 통계라고 생각된다.

월지급식 펀드는 '매월 월급을 받는 펀드'라는 문구 때문에 투자 손실위험이 없는 것처럼 여겨지기 쉬운 상품이다. 하지만 엄연한 투자상품이니 충무공 이순신 장군의 가르침을 되새겨서 안정적인 투자를 하는 것이 바람직할 것이다.

은행예금으로
월지급식 구조 만들기

정기예금 상품으로 월지급식 구조를 만드는 방법은 일명 '풍차 돌리기'라는 별명으로 더욱 유명하다. 우선 가용자금을 12개로 쪼개어 매월 같은 금액을 1년 만기 정기예금에 가입한다. 즉, 같은 금액의 정기예금이 열두 개가 생기는 것이다. 그림 48을 보면 이해

● 그림 48 **풍차 돌리기 방법** ●

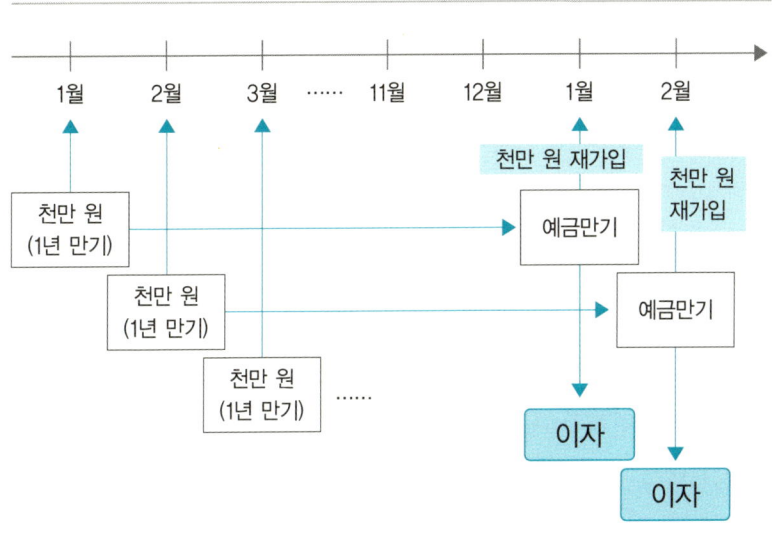

가 더욱 쉬울 것이다.

12개의 정기예금을 매월 가입하면, 1년 뒤에는 매월 정기예금의 만기가 돌아온다. 그러면 이자를 제외하고 원금 천만 원을 다시 정기예금에 가입하는 것이다. 이렇게 하면 매월 이자를 받을 수 있으니 일정 수준의 현금흐름을 창출할 수 있고, 갑자기 돈이 필요한 경우에도 유용하게 자금을 조달할 수 있다.

만 60세 이상이라면 비과세 생계형과 세금우대, 조합예탁 비과세를 활용하면 매월 받는 이자의 세금을 줄일 수 있다. 천만 원을 1년 정기예금 4%에 가입했다면 세전이자는 40만 원이지만 15.4%의 세금을 제외하고 나면 33만 8천 원으로 줄어들기 때문에 절세전략을 꼼꼼히 따져보는 것이 중요하다.

풍차 돌리기의 단점은 금리의 영향을 많이 받는다는 점과 저금리 시대에는 매월 이자가 높지 않기 때문에 실효가 떨어질 수 있다는 점이 있다. 또한 매월 예금만기를 다시 재예치해야 하는 번거로움이 따른다. 하지만 이것은 매달 예금만기가 돌아오니 이자를 수령하는 재미로 생각하면 된다. 은행예금상품을 이용하면 원금보장이 가능하고 자금운용을 본인이 직접 하기 때문에 월지급식 펀드 등의 투자상품과 적절히 섞어서 자금을 운용한다면 안정적이고 풍요로운 노후생활을 설계할 수 있을 것이다.

패러다임 시프트, 부동산

　　IMF 금융위기를 겪으면서 부동산시장도 하락을 면치 못하였다. 하지만 금융위기 직후 부동산 가격은 수직 상승하였고, 서울 아파트 가격은 3년 만에 평균 두 배 이상 상승하였다. 이렇게 주택 가격이 상승하자 참여정부에서는 2003년 5.23대책을 시작으로 각종 부동산대책을 쏟아냈다. 종합부동산세, LTV(주택담보대출비율) 강화, 재건축 개발이익환수제 등의 제도들이 당시에 만들어진 것들이다. 아파트 가격의 상승은 정부의 대책발표에 따라 주춤하였지만 2006년 이후에 주택시장은 다시 급등하였고 이에 분양가 상한제, DTI(총부채상환비율) 제한 등 또 다른 규제책들이 발표되었다.

　　다양한 규제책과 2008년 글로벌 금융위기가 겹쳐 부동산시장이 안정되어갔으나 전세시장은 급등하였다. 재개발·재건축 등으로 이사수요가 한꺼번에 몰리면서 해당 동네 주변의 전세가격이 올랐고, 좋은 학군으로의 쏠림 현상이 전세상승 추세에 가속도를 붙였다. 이러한 한국의 부동산시장은 한편으로는 대출을 받아 무리하게 집을 구입해 대출이자에 허덕이는 하우스푸어(House Poor)를 양산하였다. 또 한편으로는 2년 새 전셋값이 몇천만 원이 올라 전세자금 대출을 받을 수밖에 없는 전세대란이 일어났다.

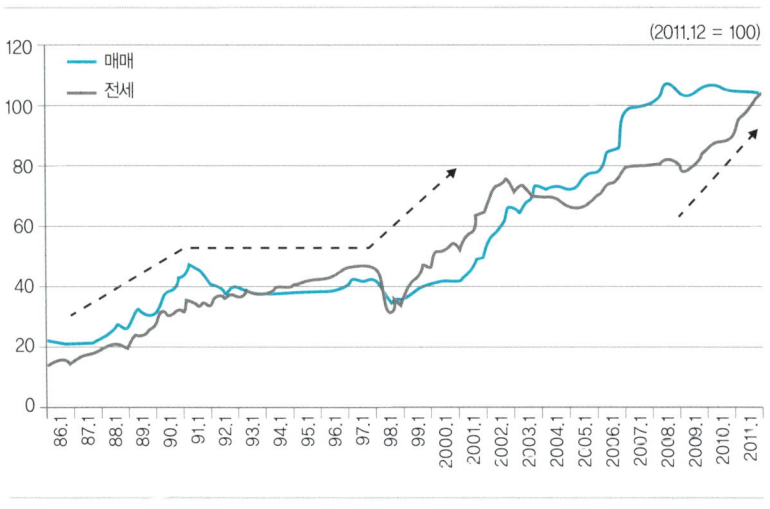

그림 49 서울아파트 가격지수 추이(1986년~2011년)

출처 : 국민은행 부동산

이러한 맥락에서 주택시장의 미래 전망이 어느 때보다 어려운 시기이므로, 퇴직자들은 더욱 큰 고민에 빠질 수밖에 없다. 이럴수록

'중위험 중수익'을 염두해야 한다. 부동산처럼 유동성이 떨어지는 자산일수록 단기시세차익을 노리기보다 장기적인 관점에서 실수요로 접근하는 것이 바람직하다. 예전처럼 아파트 가격이 수직 상승하여 수천만 원씩 호가가 오르리라는 꿈을 버리라는 것이다.

퇴직자 입장에서 주택은 애물단지가 될 수도 있다. 이미 주택을 구입하였고 대출상환에 대한 부담이 없다면 크게 걱정할 일은 없지만, 신규 주택구매를 고려하고 있거나, 대출상환금이 남아 있는 상태라면 매월 지출되는 이자가 부담스러울 수밖에 없기 때문이다.

혹자는 일본의 경우를 들어 한국 부동산도 조만간 부동산 버블이 가라앉을 것이라는 전망을 내이놓고, 혹자는 베이비붐 이후 주요 주택구매층이 감소하기 때문에 주택시장은 이미 더 이상 좋은 투자처가 아니라고 한다. 하지만 '자기 집'이 주는 심리적인 안정감은 이제 막 사회에 발을 내디딘 사회초년생이나 퇴직생활자에게나 똑같이 중요하다. 아니, 오히려 내 집이 주는 안정감은 퇴직생활자에게 더욱 필요한 것인지도 모른다.

그러므로 현재 가진 주택의 대출상환액이 부담스럽다면 현재의 집을 팔고 작은 집으로 이사하는 것도 고려해볼 만하다. 작은 집으로 이사하여 발생한 자금으로는 대출을 갚는다거나 노후를 위한 자금으로 활용하면 훨씬 여유로울 것이다.

손녀손자들이 놀러 왔을 때 편히 쉬었다 갈 수 있는 공간을 마련해놓고 싶어 하는 것이 부모의 마음이다. 하지만 자식들은 부모의 넓은 집보다는 부모의 따뜻한 품을 그리워하는 것이 아닐까 하는 생각을 조심스레 해본다.

인플레이션헤지가 되는
수익형 부동산

퇴직자 입장에서는 월급처럼 꼬박꼬박 월세를 받을 수 있다는 점에서 수익형 부동산을 선호한다. 요즘과 같이 저성장 고물가 시대에는 환금성이 좋고 소액투자가 가능한 수익형 부동산의 인기가 전체 부동산시장의 침체와는 달리 인기가 오르고 있다. 물가가 오를수록 임대료도 같이 상승하기 때문에 현금가치의 하락 부분을 일정 수준이나마 충당할 수 있기 때문이다.

하지만 수익형 부동산 역시 원금손실의 우려가 있다. 공실이 생겨 계획한 대로 월세를 받지 못할 수도 있고, 매매를 하려고 해도 시간이 필요하다. 그렇기 때문에 반드시 투자에 앞서 해당 지역과 해당 물건에 대한 철저한 분석이 수반되어야 한다. 여기서는 대표적인 수익형 부동산인 오피스텔과 상가 투자에 따르는 기본적인 주의사항을 살피고자 한다.

오피스텔

오피스텔은 대표적인 수익형 부동산으로 아파트에 비해 소액으로 투자할 수 있어 꾸준한 관심을 받고 있다. 2008년 9월부터 지역우선순위와 전매제한 규제가 적용되기 때문에, 규제적용 이전의 오피스텔에 투자하려는 수요가 늘고 있다. 한때 오피스텔이 과잉 공급되면서 공실률이 증가하고 임대료도 하락하여 투자자들로부터 외면을 받았지만, 임대수요가 꾸준한 역세권을 중심으로 공실률이 하락하는 등 투자환경이 점차 좋아지고 있다.

오피스텔 투자의 가장 큰 단점은 시세차익을 노리기 힘들다는 점이다. 수익률이 좋지 않을 때는 분양가보다 낮은 가격에 급매물이 나오기도 했고, 지금도 매매가는 분양가와 크게 차이 나지 않는다.

오피스텔 수익률을 결정짓는 요소는 오피스텔 매입단가와 매월 임대료이다. 안정성과 수익성을 추구하기 위해서는 임대수요가 꾸준한 지역 중심의 물건을 싼 가격에 매입해야 한다. 저가매입하기 위해서는 분양을 받는 것보다는 급매물을 잡거나 경·공매를 통하는 것이 좋다.

상가

상가는 종합부동산세 과세대상에서 제외되고 신규 분양을 받는 경우 전매제한 규제가 없어 규제가 많은 주택시장보다는 접근이 용이하다. 상가는 입지가 가장 중요하므로 아파트 밀집지역, 역세권, 대로변 등 확실한 상권이 형성되어 있는 곳에 투자하는 것이 좋다. 또한 상가는 경기를 아주 잘 탄다. 그렇기 때문에 상가투자는 더욱 신중하게 접근해야 할 것이다.

중위험 중수익의 대표상품, 채권

　퇴직금 운용에 가장 적절한 상품 중 하나가 채권이다. 누구는 부동산이나 은행예금, 주식 등이 대세를 이루었다고는 하나 상당수 부자들은 채권으로 재산을 늘리고 채권으로 채산을 관리한다. 믿기 어렵다면, 최근 20년간 서울아파트 수익률과 채권투자 수익률을 비교해보도록 하자.

　그림 50을 보면, 국민주택채권의 수익률은 1991년 16.46%로 가장 높은 수치를 기록한 이후 차차 하향추세를 형성하다가 IMF 시절 12.8%로 잠시 상승하였으나 전반적으로는 하향 안정세를 보이고 있다. 이에 반해 서울아파트 수익률은 1990년 27.6%, 2001년 9.3%, 2002년 30.8%, 2006년 14.1% 등 20년 동안 연 수익률이 15%를 넘었던, 그야말로 '대박'을 터뜨린 적이 여섯 번이나 있을

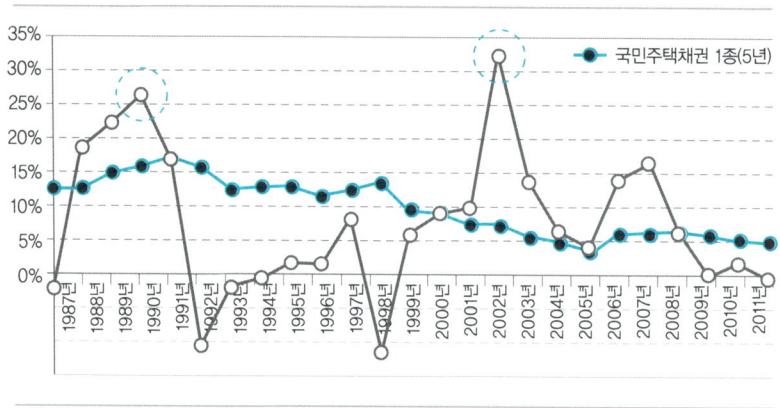

그림 50 국민주택채권 1종(5년) 수익률과 서울아파트 수익률 비교

출처 : 국민은행 부동산시세, 한국은행

정도로 수익률의 변동폭이 심한 편이다.

그럼 25년 전에 같은 금액을 국채와 서울아파트에 투자했다고 가정하면 어느 쪽이 수익률이 더 높을까? 단순히 생각하면, 수익률이 낮지만 일정했던 채권보다는 여섯 번씩이나 대박을 터뜨린 아파트가 수익률이 더 높을 것 같다.

그런데 결과는 국민주택채권의 수익률이 903%로, 아파트 수익률 478%를 두 배 가까이 앞섰다. 물론, IMF때 강남의 아파트를 샀으면 서너 배는 거뜬히 올랐는데, 20년 동안의 채권수익률 745%가 무슨 의미가 있냐고 반문할 수도 있다. 하지만 이 질문은 부동산 투자에 숨어 있는 위험을 지나치게 간과한 것이 아닐까 한다. IMF때가 아니라 1990년에 부동산을 구입했다면 바로 다음 해에 40%의

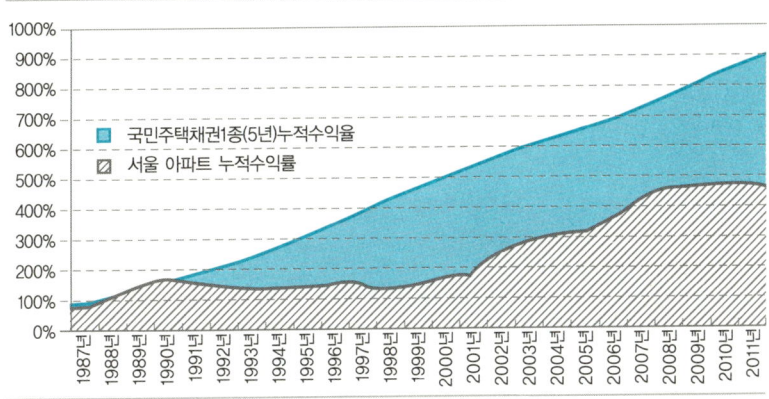

그림 51 국민주택채권 1종(5년) 수익률과 서울아파트 누적 수익률 비교

출처 : 국민은행 부동산시세, 한국은행

손실, 2002년에 구매했다면 2년간 30%의 가격하락을 경험해야 했을 것이다.

그러면 본격적으로 퇴직생활자에게 알맞은 채권에 대해 알아보자. 채권은 발행주체, 이자지급 방법, 상환기간, 옵션 유무 등으로 분류가 가능하다.

이와 같은 분류기준 외에도 보증유무(보증채, 무보증채, 담보부채), 모집방법(사모채, 공모채), 표시통화(자국통화표시채권, 외화표시채권) 등을 기준으로 분류하기도 한다. 복잡해 보이는 분류이지만 채권의 종류에 따라 내재된 위험이 달라지므로 꼼꼼히 알아두는 것이 중요하다.

● 표 29 **채권의 분류** ●

분류방법	종류
발행주체	• 국채(정부 발행) • 지방채(특별시, 광역시, 도, 시, 군 등 지방자치단체가 발행) • 특수채(토지개발공사, 도로공사 등 특별법에 의해 설립된 기간이 발행) • 금융채(한국은행, 한국산업은행 등 특수금융기관이 발행) • 회사채(상법상의 주식회사가 발행)
이자지급 방법	• 이표채(채권의 권면에 표시된 이자지급기일에 정해진 이자액을 정해진 횟수만큼 지급) • 할인채(상환기일까지 이자를 단리로 계산해 미리 공제한 금액으로 발행) • 복리채(이자가 이자지급기간까지 복리로 재투자되어 만기 상환시 원금과 이자 동시에 지급)
상환기간	• 단기채 : 통상 상환기간이 1년 이하인 채권 • 중기채 : 상환기간이 1년~5년 이하인 채권 • 장기채 : 상환기간이 5년 초과인 채권
옵션 유무에 따라	• 수의상환채권(callable bond) • 전환사채(CB ; Convertible bond) • 신주인수권부사채(BW ; Bond with warrant) • 교환사채(EB ; Exchangeable bond)

모든 투자는 돈을 빌려주는 행위이다. 주변 사람이 돈을 빌려달라고 할 때, 그 사람이 돈을 잘 갚을지 이자는 제때 줄지 생각을 해보고 빌려주는 것과 마찬가지로 투자를 할 때에도 어디에 투자를 하는지 살펴보는 것은 기본이다.

채권!
세후수익률을 꼼꼼히 따져라

'채권을 사느니 차라리 은행 정기예금을 들겠다'라는 사람이 많다. 우선, 채권은 어떻게 사야 하는지도 모르겠고 소액으로는 접근하기 어렵다고 생각하기 때문이다. 그렇다면 아래의 두 경우를 비교해보자.

은행 정기예금 5%와 채권 매입수익률 4.8%(1년 할인채, 표면이자 3%)

둘 중 선택은 당연히 은행 정기예금이라고 생각할 것이다. 수익성도 안전성도 모두 은행 정기예금이 높아 보인다. 하지만 세금을 감

● 표 30 은행 정기예금과 채권 세후수익률 비교 ●

	5% 은행 정기예금	4.8% 채권 1년물(할인체)
투자금액	1억 원	1억 원
투자기간	1년	1년
이자	500만 원	314만 원 (1만 원당 매입단가 9,541원)
세율	15.4% (소득세 14%, 주민세 1.4%)	15.4% (소득세 14%, 주민세 1.4%)
세금	77만 원	48만 원
세후수익율	4.23%	4.33%

안하면 수익률은 달라진다.

이러한 차이가 생긴 이유는 은행 정기예금의 경우에는 자본차익(5%)에 대해 과세를 하게 되므로 채권투자보다 과표가 크기 때문이다. 하지만 채권은 표면이자율(3%)에 대해서만 과세를 하며 주식의 경우처럼 매매차익에 대해서는 비과세이다. 또한 국공채의 경우 매입수익률(4.8%)보다 표면이자율(3%)이 낮기 때문에 과표가 낮아져서 세후수익률이 높아져 효과는 극대화된다.

후순위채권

후순위채권도 채권의 한 종류이다. '후순위'이기 때문에 채권을 발행한 기업이 부도가 났을 경우, 채무변제순위에서 일반채권보다는 뒤지지만 주식보다는 우선순위가 앞서는 채권을 말한다. 하지만 상대적으로 금리가 높아 고수익을 올릴 수 있으며 금융소득종합과세에 대비하여 분리과세를 신청할 수 있기 때문에 우량기업을 잘 골라 투자하면 안전하면서도 높은 수익을 창출할 수 있다.

발행은행 파산 시 상환순위는 예금과 채권자, 후순위채권자, 그리고 주주이다.

후순위채권의 장점

첫째, 정기예금에 비해 높은 수익이 가능하다.

외환위기 직후 국내 시중은행들은 부실채권의 급격한 증가 등으로 낮아진 자기자본비율을 국제결제은행(BIS) 기준인 8% 이상으로 높이기 위해 고금리의 후순위채권을 많이 발행하였다. 당시 후순위채권은 평균 연 9.62%대로 CD금리 7.44%에 비하면 30% 정도 높은 수준이었다.

이후 시중은행들의 상황이 대폭 호전되고 금리도 낮아짐에 따라 후순위채권의 의존도가 낮아졌지만, 비은행권 금융기관의 경우 최근까지도 후순위채권을 발행하여 자기자본을 조달하고 있다. 2006년에 저축은행업계에서 발행한 후순위채권은 평균 8.5%대였는데, 이는 당시 CD금리 4.65% 대비 83% 정도 높은 수준이다. 이처럼 후순위채권은 원금손실의 위험이 있기 때문에 시중금리에 비해 높은 수준에서 발행되는 것이 일반적이므로 높은 수익이 가능하다.

둘째, 잔여기간 동안 확정금리를 지급받는다.

만기가 5년 이상인 후순위채권은 자기자본으로 인정되기 때문에, 자기자본비율을 높이기 위한 목적으로 발행되는 후순위채권의 만기는 대부분 5년 이상이다. 따라서 중도에 매입하더라도 매입자는 잔여기간 동안 확정금리를 지급받기 때문에 향후 예금금리의 하락에도 걱정할 필요가 없다.

셋째, 후순위채권의 이자소득은 분리과세가 가능해 거액 금융자산가에게 더욱 유리하다.

연간 금융소득(이자소득과 배당소득 등)이 연 4천만 원을 초과하면 금융종합소득과세를 적용받아 종합과세하게 되어 있다. 하지만 분리과세할 경우 33%의 소득세가 부과되므로 절세가 가능하다.

● 표 31 **구간별 소득세율** ●

과세표준	세율
1천만 원 이하	8%
1천만 원 초과 ~ 4천만 원 이하	17%
4천만 원 초과 ~ 8천만 원 이하	26%
8천만 원 초과	35%

후순위채권에 투자할 때 가장 염두해야 할 점은 채권변제 순위가 뒤지므로 원금손실의 위험이 있다는 것이다. 그 외에도 아직 매매시장이 형성되어 있지 않아 환금성이 떨어지며 중도해지가 되지 않고 이를 담보로 대출을 받을 수 없다는 단점이 있다.

하지만 최근 저축은행 후순위채권에 투자했다가 낭패를 본 투자자가 신문지상에 자주 오르내린다. 이처럼 고수익을 올리는 투자대상에는 항상 내재된 위험이 있다는 것을 염두에 두어야 한다. 그럼에도 불구하고 변동성이 심한 주식에 비해 정해진 이자를 정해진 기간에 받을 수 있다는 점 때문에 후순위채권은 퇴직생활자에게 여전히 매력적으로 느껴지는 상품이다.

소액채권매매

보통 채권투자라고 하면 많은 자금이 필요하다고 생각하는 경향이 있다. 그런데 2007년 개설된 소매채권시장을 통해서는 천 원으로도 채권을 살 수 있다. 소매채권시장이란, 50억 원 미만의 채권거래(소매채권거래)에 대해 소매전문딜러(증권사)가 의무적으로 호가를 제출하게 하여 개인이나 법인이 증권사 창구나 HTS 등을 통해 편리하게 매매할 수 있도록 증권선물거래소에 개설된 시장을 말한다.

채권수익률은 금리와 밀접히 연관되어 있다. 또한 회사채의 경우 개별 회사의 신용등급에 영향을 받는 등 채권에 투자하기 위해서는 채권에 관련된 기본지식이 필요하다. 초보자의 경우 소액채권매매를 하기 위해서는 위험을 최소화할 전략이 주효할 것이다.

TIP

초보자도 할 수 있는
소액채권매매

① 투자기간은 잔존만기 1년 내외로 설정하여 만기보유 전략
→ 만기까지 보유하여 채권수익률의 변동 리스크를 제거한다. 만기 전에 채권수익률이 하락할 경우, 시장에서 매도하여 리스크를 헤지하는 전략을 구사한다.
② 투자등급 (A+~A-) 회사채 선택
③ 동일한 신용등급 중 채권수익률이 높은 채권
④ 같은 채권수익률이라면 표면금리가 낮은 채권

한국거래소 소매채권시장 홈페이지(http://sbond.krx.co.kr/)에 소매채권 매매에 대한 다양한 자료가 있다.

행복한 은퇴를 위한
다섯 가지 원칙

❶ 지금 즉시 시작하라

은퇴자금 3억 원을 준비하기 위해 40세에는 월 55만 원씩 저축하면 되지만, 이런저런 이유로 50세에 시작해서 3억 원을 모으려면 월 173만 원씩 저축해야 한다(은퇴 60세, 기대수익률 8% 가정시). 기다리면 기다릴수록 지불해야 하는 고통은 증가된다.

❷ 노후자금의 60% 이상은 연금형 상품으로 준비하라

연금은 미래의 나에게 돈을 미리미리 보내는 의미를 갖는다. 소득의 15%는 없는 것이라 생각하고 연금상품으로 저축해야 한다.

❸ **세 가지 투자 주머니로 준비하라**

한쪽 자산에 집중투자하는 것은 더 나은 상품의 기회를 원천 봉쇄하게 된다. 충분한 분산투자로 시장변동성에 흔들리지 않는 안정적인 노후생활을 확보해야 한다.

❹ **계절에 따라 옷을 갈아입을 줄도 알아야 한다**

건강검진도 1년에 한 번, 본인의 재무검진도 1년에 한 번씩 점검해야 한다. 이 과정에서 경제 환경에 맞게 투자 포트폴리오를 리밸런싱해야 한다.

❺ **장기적립식상품은 변동성이 큰 기초자산으로 가입하라**

장기적립식의 특성을 잘 살려야 한다. 변동성이 클수록 평균매입단가하락효과가 극대화된다.

내 인생 퇴직 후 1년

EPILOGUE

내일을 꿈꾸며, 내 일을 꿈꾸며

한나라 고조인 유방(劉邦)은 항우(項羽)를 물리치고 천하를 통일한다. 천하통일을 이룬 유방은 큰 공로자였던 한신을 초왕으로 봉하는 등, 공을 세운 여러 장군들을 각 봉지의 왕으로 봉했다. 하지만 유방은 마음이 편치 않았다. 왕으로 봉해진 장군들은 유방 자신에 대한 충성심 때문이 아니라, 스스로의 야심 때문에 그 자리에 올랐다는 점을 잘 알고 있었기 때문이다. 따라서 공이 클수록 유방의 의심도 커져갔고, 그 의심은 늘 초왕 한신을 향해 있었다.

호시탐탐 한신을 제거할 기회만 노리고 있던 유방은, 한신이 항우의 장수였던 종리매(鍾離昧)를 숨겼다는 사실을 알게 되었다. 이를 빌미로 유방은 한신에게 모반의 혐의를 씌우고 병권이 없는 회음후(淮陰侯)로 격하시켰다. 이 일을 당하자 한신은 토사구팽(兎死狗烹)이라는 말을 되새기며 분노하였다.

한신이 초왕에 임명되었을 때, 유방이 한신과 함께 여러 장수들의 장단점에 대해 논할 기회가 있었다. 화제는 자연스럽게 두 사람에게 옮겨갔으며 유방이 한신에게 다음과 같이 물었다.

"과인은 얼마나 많은 군대의 장수가 될 수 있겠는가?"

"아뢰옵기 황송하오나, 폐하께서는 한 10만쯤 거느릴 수 있는 장수입니다."

한신이 답하였다.

"그렇다면 그대는 어떠한가?"

유방이 다시 물었다.

이에 한신은 다음과 같이 대답하였다.

"예, 신은 많으면 많을수록 더욱 좋습니다(多多益善)."

은근히 불쾌해진 유방이 다시 물었다.

"그렇다면 그대는 어찌하여 10만의 장수감에 불과한 과인의 포로가 되었는고?"

한신은 이렇게 대답하였다.

"폐하께서는 병사의 장수가 아니오라 장수의 장수이시옵니다. 이것이 신이 폐하의 포로가 된 이유의 전부이옵니다. 이는 하늘이 내린 것이고 사람의 일은 아니옵니다."

다다익선, 군사가 많으면 많을수록 좋다고 하였던 한신의 대답은, 요즘에는 물질적인 의미로 많이 쓰인다. 그래서 많은 사람들이 로또를 사고, 하루아침에 부자가 되기를 바란다. 하지만 그렇게 갑자기 부자가 된 사람들이 행복한 삶을 누리고 있다는 이야기는 찾기 힘들지 않던가? 능력에 벗어나는 재산으로 본인뿐만 아니라 가족이 망하는 사례를 쉽게 찾아볼 수 있는 것과는 대조적이다.

그러면 재산이 얼마나 되어야 더 이상 욕심을 내지 않게 될까? 사람마다 그 정도는 천지차이일 것이다. 어떤 사람은 1억 원만 있어도 부자라고 생각할 것이고 어떤 사람은 100억 원이 있어도 만족하지 못할 수 있다.

평균적으로, 우리나라에서는 대략 총 재산이 30억 원, 혹은 부동산을 제외하고 현금성 자산으로 10억 원 정도를 보유한 사람을 부자라고 생각한다. 금융자산 10억 원이 있으면 은행금리 4% 예금을 가입한다고 했을 때 세전 4천만 원의 이자소득이 발생한다. 이는 직장인의 1년 연봉수준이니, 하고 싶은 일을 할 수 있는 금전적, 시간적 여유가 생기는 셈이다. 그래서 이 정도의 재력을 지닌 사람들을 부자라고 생각하는 것이 아닐까?

다른 나라에서도 부자에 대한 기준은 우리나라랑 크게 다를 바 없다. 컨설팅 전문업체 캡제미니(Cap Gemini)는 매년 〈세계 각국의 부자리포트〉를 발간하고 있다. 그 리포트에서는 부자를 금융자산 100만 달러 이상 보유자로 보고 있다. 환율에 따라 달라지겠지만 100만 달러면 원화로 10억 원 정도 되니 경제대국인 미국이라고 부자의 기준이 높아지는 것은 아님이 드러난다.

이렇듯 부자의 기준은 비슷한 반면, 은퇴에 대한 태도는 나라별로 다르다. 세계 여러 나라 사람들을 대상으로 '은퇴'라는 단어에 대한 느낌을 비교한 설문조사가 있었다. 우리나라 국민들은 '은퇴하면 떠오르는 것'을 꼽으라는 질문에 '외로움'(53%), '자유'(50%), '두려움'(48%) 순으로 응답하였다고 한다. 반면 다른 21개국 응답자들은 '자유'(69%), '행복'(61%), '만족'(61%) 의 순서로 답변을 내놓았다.

이를 확대해석하면, 우리나라 사람들은 자신이 부자가 아니라는 점에 대해서 부정적으로 생각하는 경향이 있다는 의미가 된다. 부자가 되려면 돈이 어느 정도 있어야 하는지에 대한 인식은 같은 데 반해, 우리나라 사람들은 자신이 부자가 아니라서 느끼는 박탈감이 큰 것 같다. 그도 그럴 수밖에 없는 것이, 보통 사람들은 은퇴 시에 퇴직금과 저축을 다 합쳐도 3~4억 원을 마련하기가 힘들기 때문이다.

1970~1980년대 대한민국이 고성장의 가도를 달리던 시절에는 은행예금만 잘 해도 금방 돈을 모을 수 있었다. 당시에는 연이율이 30%인 상품도 상당히 많았기 때문이다. 당시에는 '10년 넣어두면 10배로 돌려드립니다'라고 광고하는 은행상품도 있었다.

여하튼 고도성장기에는 티끌을 모아 태산을 만들 수 있었다. 하지만 이미 우리나라는 경제성장의 정체기에 들어섰고, 과거와 같은 고도성장을 이루기 어렵게 되었다. 이에 따라 금리가 낮아졌으니 티끌을 모아 태산을 만들기는 쉽지 않게 되었다. 게다가 하루가 다르게 오르는 물가와 교육비를 생각하면 은퇴 후를 생각하는 것조차 사치처럼 느껴질 때도 있다.

그런데 은퇴설계를 해보면, 은퇴 시 필요한 자금에 비해 부족한 금액이 어마어마하다. 내가 은퇴 후에 페라리나 요트를 몰고 다니는 삶을 꿈꾸는 것도 아닌데 말이다. 현재의 생활도 꾸려나가기가 빠듯한데, 미래의 삶을 위한 준비가 필요하다는 말은 공허하게 들릴 수도 있다. 돈 걱정을 하는, 부자가 아닌 보통 사람들은 상대적 박탈감이 심할 수밖에 없지 않을까?

공사장에서 나뭇더미가 무너지는 바람에 일하던 인부의 발에 대못이 박히는 사고가 났다. 못은 그의 발을 관통하여 신발 밖으로 빠져나올 정도로 깊게 박혀 있었고, 그는 엄청난 고통을 호소하였다. 한시라도 빨리 병원으로 옮겨 치료를 해야 할 상황이었다. 응급차에 실려 가는 내내 그는 고통에서 헤어나지 못했다. 온몸은 땀범벅이 되고, 얼굴은 새하얗게 질려 있었다. 진통제를 투여해도 지속적으로 고통을 호소하였기에 모르핀까지 투여했지만 소용이 없었다. 병원에 도착하여 의사가 치료를 하기 위해 그 사람의 신발을 벗겨

냈는데, 믿을 수 없는 일이 눈앞에 펼쳐졌다. 못은 그 사람의 엄지와 검지 발가락 사이를 관통하였을 뿐 발은 하나도 다치지 않은 것이었다. 이처럼 어떤 상황에서는 실제로 다치지 않았음에도 불구하고 어마어마한 고통을 느낀다.

어쩌면 우리도 은퇴를 공사장 인부의 발에 박힌 대못처럼 생각하는 것이 아닐까? 실제로는 다친 곳이 없으니 아플 이유도 없는데, 신발을 관통한 대못을 보고 지레짐작으로 고통을 호소하는 것은 아닐까? 그렇다면 진통제를 투여해도 고통이 사라지지 않았던 것처럼, 평생 두려워만 하며 박탈감에 시달릴지도 모른다.

피할 수 없으면 즐기라고 하였다. 현재를 충실히 살아간다면 은퇴가 두려울 이유는 전혀 없다. 현명한 부자의 마음을 가진다면 돈이 조금 부족하더라도 풍족하게 살 수 있다. 매일매일 오르락내리락하는 주식에 연연하지 않고 마음의 평화를 누릴 수 있다. 자신이 진정 원하는 것이 무엇인지 고민하고, 제2의 인생에 주어지는 자유를 만끽할 수 있을 것이다.

『아프니까 청춘이다』의 저자이자 이 시대 청춘들의 멘토인 김난도 교수는 나이를 인생시계로 계산해보라고 권한다. 평균수명 80세를 24시간으로 환산해보면 서른은 오전 아홉 시이며 마흔은 낮 열두 시이다. 오전 아홉 시에는 활동을 시작하며, 낮 열두 시는 신체 리듬이 가장 활발할 때가 아니던가? 이처럼 인생에서의 서른은 시작하는 때이며 인생에서의 마흔은 가장 활기찬 시간일 것이다.

"인생은 B와 D사이의 C"라고 한 사르트르의 말을 상기해보자. 어떤 선택으로 B와 D 사이를 채워나갈지는 각자의 몫일 것이다. 이 책이 그 선택에 작은 도움이 되었길 바란다.